星ひとみの天星術

2024

地球グループ

海

SEA

Star Eyes

HITOMI HOSHI

Happy Message

あなたがもつ“水”
広くて　とても深い“海のエネルギー”

ときに自分がわからなくなることがある

助けて欲しいと叫んでいるのに
どうせ無理だと決めつけてしまうこともある

透き通った水面に光が差す美しい海を目指すなら
素直に、めいっぱいの笑顔で
キレイだね、ありがとう
そんな前向きな言葉をかければいい

とても深く真っ暗で濁った海は
頑固さやネガティブな言葉や考えで
無意識に深く落ちてしまうから

なぜうまくいかないのか
なぜわかってくれないのか

心に疑問が生まれたとき
自ら深海に潜っていることに気がつかず
急に息ができなくなり
そこから抜け出そうとがむしゃらになる

うまくやろうとするから
うまくいかないのかもしれない

考えるよりも感じてみて

理解されたいと願うなら
理解したい相手をもっと感じてみる

自分が何を知っているかより
自分が何を知らないか
理解されたいわけじゃないと力まずに、頑固な心を手放して

もっともっと柔軟に

慎重さや頑固さでは
人の心は溶かせない

自分が思っている以上に
あなたは演じてしまい

自分が思っている以上に
あなたは表現できないでいる

素直
笑顔
無邪気さ
喜び
うれしさを伝えてみる

"大丈夫"

ほんの少し視点を変えるだけ
あなたはとても優しい人

自分がいる世界
あなたがもつ

"水"

濁らせるのかキレイにするのか
あなたはどちらを選びますか

PROLOGUE

★ はじめに ★

皆様こんにちは、星ひとみです。

『星ひとみの天星術2024』を手にしていただき
またお会いできたことをうれしく思います。

この時代に皆様と出会い
天星術を通じ、つながることができた今に
心から感謝いたします。

この1年があっという間に過ぎたように感じた方も
逆に長かったなと感じた方もいるでしょう。

人生を満喫するために、生きるために。

笑ったり、怒ったり
挑戦したり、悩んだり。

なぜ自分だけがこのような目に遭うのかと
ときに苦しみ、前に進めなかった人も——。

心、生き方、歩む道のり。
人生に決めつけはなく
災いは回避し
苦しみは手放すことができる——。
私はそう信じています。
そして
あなたを照らす“光”はちゃんとある。

昨年に続き今年も、少しでも皆様の支えとなれるように
長い時間をかけて仕上げさせていただきました。

私のオリジナル鑑定法の「天星術」にも
生命の“光”が宿り
毎年少しずつ、ゆっくりと成長し、時代に合わせ、
私たちと一緒に動いています。

自分はダメだと決めつける必要はなく、
“影”や“リセット”の月でも、怖がる必要はありません。

自分の運命、
自分のリズム。

そして“光と影”。

あなたの今がどんな流れ《リズム》なのかを読みとり
一緒に進んでいきましょう。
私たちは生まれた瞬間に、星と光のエネルギーを受けて
それぞれの流れ《リズム》を授かります。

エネルギーは、月、地球、太陽の3つの天室に分かれ
「天星術」では、1つの天室を、さらに4つの天星に分けて見ています。

月グループは、満月、上弦の月、下弦の月、新月。
地球グループは、空、山脈、大陸、海。
太陽グループは、朝日、真昼、夕焼け、深夜。

天星には、それぞれナンバーがあり、あなたの星を知ることができます。
また、あなたの生まれた年で、運気が「赤」と「白」に分かれ、
2024年は、さらに深く運気を知ることができます。

中身を少し具体的に紹介しますと、
まずは、あなたの性格についての最新版トリセツ。
開運キーワード、12天星別の相性をお伝えするページから始まります。

次に、1年間という大きな視点で捉えた、2024年の運気や、
グラフで示した運気バイオリズム、
月ごとの開運メッセージと開運行動、天星ナンバー別の「赤」と「白」に分かれたお言葉、
さらに運気を、1日1日という点で捉えた毎日のメッセージがあります。

特に、全部で12ある天星をさらに細かく見て、
今年、今月のあなたがどんなリズムをもっているのか、
皆様の天星ナンバーの「赤」と「白」別に占っておりますので、
【2024年 天星ナンバー別の運気】【天星ナンバー別 今月のお言葉】に、
注目してみてください。

このように、あらゆる角度から運気を読むことで、
「今がどんな時期か——光なのか影なのか」「どんなことをすると幸せを感じられるか」
また「どんなことに気をつけたら不運を回避できるか」を分析することができます。

どこを読んでも、人生の“今”のヒントとなる言葉に出会えますように。

後半ページでは、「他の天星のプロフィール」も載せています。
自分を知り、相手を理解できたとき、素晴らしい関係となれるように
家族、お友達、仕事仲間、そして気になる人との付き合い方の参考にしてください。
まずは難しく考えず、肩の力を抜いてみましょう。

誰もが幸せになるチャンスがあります。
決して諦めなくていい。

あなたが幸せになるための
“キッカケ”となれたなら幸いです。

12天星別『星ひとみの天星術2024』
今日からあなたのお守りに。

皆様の1年が幸運の光につつまれますように。

自分を知り
今のリズムを知る
あなたの心に光を

天のエネルギー
星のエネルギーを“贈り”ます。

“あなたは大丈夫”

星ひとみ

CONTENTS

ASTROLOGY

天星術について

★ ★ ★

「天星術」は、中国に古くから伝わる東洋占星術をベースに、
さまざまな統計学や人間科学、心理的要素などを取り入れて作り上げた、
星ひとみによるオリジナル鑑定方法です。
時代とともに変化する“今”に合わせ、
進化させるべく研究を続けてきました。
生まれた日のエネルギーが、
月、地球、太陽のどのエネルギーの影響を受けているのか。
みなさんのエネルギーは、3つの天室に分かれ、
さらに4つの時星に導かれ、12の天星タイプとなっていきます。
「天星術」で読み解いていくことで、
過去にどんなことがあったのか、現在はどんな状況か、
そして未来がどうなっていくのかがわかります。
ただし大切なのは、**「天星術」は決して決めつけではない占術**である、ということ。
道がないことがわかれば、創ればいい。
壁にぶつかってしまうとわかれば、回避すればいい。
また、「天星術」は光と影、そのどちらも内包するもの。
光として出たのか、影として出たのか、
それを読みとれれば、自ら変えていくことができます。
失敗と感じても、
それは**未来に訪れる成功のために必要な失敗だった**、ということも。

未来をよりよくするために、占いをどう捉えて、どう動くのか。
あなたの心のもち方によって好転させることができる、
それが「天星術」です。

天星術 GROUP

月グループ	地球グループ	太陽グループ
満月	空	朝日
上弦の月	山脈	真昼
下弦の月	大陸	夕焼け
新月	海	深夜

HOW TO

あなたの天星の見つけかた

★★★

1

P.015から始まる **生年月表** を見て、
あなたの生まれた年と月が交わる数字を
探してください。

↓

2

その数字に、生まれた日の数字を足してください。
その数字があなたの **天星ナンバー** です。

※合計した数字が61以上になる場合は、その数字から60を引いたものが
天星ナンバーになります。

↓

3

P.014の **天星ナンバー対応表** を参照して、
天星を見つけてください。

↓

4

生まれ年（西暦）の下ひとけたが
偶数か奇数かを見て、赤か白かを確認します。

例

1995年4月20日生まれの場合

［生年月表］で1995年と4月が交わる数字は「58」。
「58」に生まれた日の「20」を足して「78」。
61以上になるので、60を引くと「18」。
［天星ナンバー対応表］を参照すると、「18」の天星は「夕焼け」。
生まれ年（西暦）の下ひとけたが奇数なので、「白」。

こちらでも！

CHECK!

あなたの天星は？

★ ★ ★

…… LINK **1**

生まれた年 ＿＿＿＿ 年と
生まれた月 ＿＿＿＿ 月が
生年月表 で交わる数字 ◯

…… LINK **2**

❶ で出した数字 ＋ 生まれた日の数字 ＝ **天星ナンバー** ☆

61以上の場合は、60を引いて

…… LINK **3**

天星ナンバー対応表 によると
あなたの天星は ＿＿＿＿ の ☆

例えば「夕焼け」の「18」

…… LINK **4**

生まれ年の下ひとけたが
偶数 …→ 赤
奇数 …→ 白

あなたは ＿＿＿＿ の ☆ の ⬡ です。

例えば「夕焼け」の「18」の「白」

天星ナンバー対応表

天星ナンバーも覚えておこう!

グループ	タイプ	天星ナンバー
月グループ MOON	満月	4 10 33 39 45
月グループ MOON	上弦の月	11 17 32 38
月グループ MOON	下弦の月	2 3 8 41 47
月グループ MOON	新月	14 20 23 26 29 36
地球グループ EARTH	空	6 43 49 54 55 60
地球グループ EARTH	山脈	9 15 16 34 40 46
地球グループ EARTH	大陸	1 5 50 53 56 59
地球グループ EARTH	海	51 52 57 58
太陽グループ SUN	朝日	21 22 27 28
太陽グループ SUN	真昼	7 42 44 48
太陽グループ SUN	夕焼け	12 18 31 37
太陽グループ SUN	深夜	13 19 24 25 30 35

★ 生年月表 ★

生まれ年	和暦	干支	1月	2月	3月	4月	5月	6月	7月	8月	9月	10月	11月	12月
1920	T9	申	54	25	54	25	55	26	56	27	58	28	59	29
1921	T10	酉	0	31	59	30	0	31	1	32	3	33	4	34
1922	T11	戌	5	36	4	35	5	36	6	37	8	38	9	39
1923	T12	亥	10	41	9	40	10	41	11	42	13	43	14	44
1924	T13	子	15	46	15	46	16	47	17	48	19	49	20	50
1925	T14	丑	21	52	20	51	21	52	22	53	24	54	25	55
1926	T15 /S1	寅	26	57	25	56	26	57	27	58	29	59	30	0
1927	S2	卯	31	2	30	1	31	2	32	3	34	4	35	5

★ 生年月表 ★

生まれ年	和暦	干支	1月	2月	3月	4月	5月	6月	7月	8月	9月	10月	11月	12月
1928	S3	辰	36	7	36	7	37	8	38	9	40	10	41	11
1929	S4	巳	42	13	41	12	42	13	43	14	45	15	46	16
1930	S5	午	47	18	46	17	47	18	48	19	50	20	51	21
1931	S6	未	52	23	51	22	52	23	53	24	55	25	56	26
1932	S7	申	57	28	57	28	58	29	59	30	1	31	2	32
1933	S8	酉	3	34	2	33	3	34	4	35	6	36	7	37
1934	S9	戌	8	39	7	38	8	39	9	40	11	41	12	42
1935	S10	亥	13	44	12	43	13	44	14	45	16	46	17	47
1936	S11	子	18	49	18	49	19	50	20	51	22	52	23	53
1937	S12	丑	24	55	23	54	24	55	25	56	27	57	28	58

★ 生年月表 ★

生まれ年	和暦	干支	1月	2月	3月	4月	5月	6月	7月	8月	9月	10月	11月	12月
1938	S13	寅	29	0	28	59	29	0	30	1	32	2	33	3
1939	S14	卯	34	5	33	4	34	5	35	6	37	7	38	8
1940	S15	辰	39	10	39	10	40	11	41	12	43	13	44	14
1941	S16	巳	45	16	44	15	45	16	46	17	48	18	49	19
1942	S17	午	50	21	49	20	50	21	51	22	53	23	54	24
1943	S18	未	55	26	54	25	55	26	56	27	58	28	59	29
1944	S19	申	0	31	0	31	1	32	2	33	4	34	5	35
1945	S20	酉	6	37	5	36	6	37	7	38	9	39	10	40
1946	S21	戌	11	42	10	41	11	42	12	43	14	44	15	45
1947	S22	亥	16	47	15	46	16	47	17	48	19	49	20	50

★ 生年月表 ★

生まれ年	和暦	干支	1月	2月	3月	4月	5月	6月	7月	8月	9月	10月	11月	12月
1948	S23	子	21	52	21	52	22	53	23	54	25	55	26	56
1949	S24	丑	27	58	26	57	27	58	28	59	30	0	31	1
1950	S25	寅	32	3	31	2	32	3	33	4	35	5	36	6
1951	S26	卯	37	8	36	7	37	8	38	9	40	10	41	11
1952	S27	辰	42	13	42	13	43	14	44	15	46	16	47	17
1953	S28	巳	48	19	47	18	48	19	49	20	51	21	52	22
1954	S29	午	53	24	52	23	53	24	54	25	56	26	57	27
1955	S30	未	58	29	57	28	58	29	59	30	1	31	2	32
1956	S31	申	3	34	3	34	4	35	5	36	7	37	8	38
1957	S32	酉	9	40	8	39	9	40	10	41	12	42	13	43

★ 生年月表 ★

生まれ年	和暦	干支	1月	2月	3月	4月	5月	6月	7月	8月	9月	10月	11月	12月
1958	S33	戌	14	45	13	44	14	45	15	46	17	47	18	48
1959	S34	亥	19	50	18	49	19	50	20	51	22	52	23	53
1960	S35	子	24	55	24	55	25	56	26	57	28	58	29	59
1961	S36	丑	30	1	29	0	30	1	31	2	33	3	34	4
1962	S37	寅	35	6	34	5	35	6	36	7	38	8	39	9
1963	S38	卯	40	11	39	10	40	11	41	12	43	13	44	14
1964	S39	辰	45	16	45	16	46	17	47	18	49	19	50	20
1965	S40	巳	51	22	50	21	51	22	52	23	54	24	55	25
1966	S41	午	56	27	55	26	56	27	57	28	59	29	0	30
1967	S42	未	1	32	0	31	1	32	2	33	4	34	5	35

★ 生年月表 ★

生まれ年	和暦	干支	1月	2月	3月	4月	5月	6月	7月	8月	9月	10月	11月	12月
1968	S43	申	6	37	6	37	7	38	8	39	10	40	11	41
1969	S44	酉	12	43	11	42	12	43	13	44	15	45	16	46
1970	S45	戌	17	48	16	47	17	48	18	49	20	50	21	51
1971	S46	亥	22	53	21	52	22	53	23	54	25	55	26	56
1972	S47	子	27	58	27	58	28	59	29	0	31	1	32	2
1973	S48	丑	33	4	32	3	33	4	34	5	36	6	37	7
1974	S49	寅	38	9	37	8	38	9	39	10	41	11	42	12
1975	S50	卯	43	14	42	13	43	14	44	15	46	16	47	17
1976	S51	辰	48	19	48	19	49	20	50	21	52	22	53	23
1977	S52	巳	54	25	53	24	54	25	55	26	57	27	58	28

★ 生年月表 ★

生まれ年	和暦	干支	1月	2月	3月	4月	5月	6月	7月	8月	9月	10月	11月	12月
1978	S53	午	59	30	58	29	59	30	0	31	2	32	3	33
1979	S54	未	4	35	3	34	4	35	5	36	7	37	8	38
1980	S55	申	9	40	9	40	10	41	11	42	13	43	14	44
1981	S56	酉	15	46	14	45	15	46	16	47	18	48	19	49
1982	S57	戌	20	51	19	50	20	51	21	52	23	53	24	54
1983	S58	亥	25	56	24	55	25	56	26	57	28	58	29	59
1984	S59	子	30	1	30	1	31	2	32	3	34	4	35	5
1985	S60	丑	36	7	35	6	36	7	37	8	39	9	40	10
1986	S61	寅	41	12	40	11	41	12	42	13	44	14	45	15
1987	S62	卯	46	17	45	16	46	17	47	18	49	19	50	20

★ 生年月表 ★

生まれ年	和暦	干支	1月	2月	3月	4月	5月	6月	7月	8月	9月	10月	11月	12月
1988	S63	辰	51	22	51	22	52	23	53	24	55	25	56	26
1989	S64/H1	巳	57	28	56	27	57	28	58	29	0	30	1	31
1990	H2	午	2	33	1	32	2	33	3	34	5	35	6	36
1991	H3	未	7	38	6	37	7	38	8	39	10	40	11	41
1992	H4	申	12	43	12	43	13	44	14	45	16	46	17	47
1993	H5	酉	18	49	17	48	18	49	19	50	21	51	22	52
1994	H6	戌	23	54	22	53	23	54	24	55	26	56	27	57
1995	H7	亥	28	59	27	58	28	59	29	0	31	1	32	2
1996	H8	子	33	4	33	4	34	5	35	6	37	7	38	8
1997	H9	丑	39	10	38	9	39	10	40	11	42	12	43	13

★ 生年月表 ★

生まれ年	和暦	干支	1月	2月	3月	4月	5月	6月	7月	8月	9月	10月	11月	12月
1998	H10	寅	44	15	43	14	44	15	45	16	47	17	48	18
1999	H11	卯	49	20	48	19	49	20	50	21	52	22	53	23
2000	H12	辰	54	25	54	25	55	26	56	27	58	28	59	29
2001	H13	巳	0	31	59	30	0	31	1	32	3	33	4	34
2002	H14	午	5	36	4	35	5	36	6	37	8	38	9	39
2003	H15	未	10	41	9	40	10	41	11	42	13	43	14	44
2004	H16	申	15	46	15	46	16	47	17	48	19	49	20	50
2005	H17	酉	21	52	20	51	21	52	22	53	24	54	25	55
2006	H18	戌	26	57	25	56	26	57	27	58	29	59	30	0
2007	H19	亥	31	2	30	1	31	2	32	3	34	4	35	5

★ 生年月表 ★

生まれ年	和暦	干支	1月	2月	3月	4月	5月	6月	7月	8月	9月	10月	11月	12月
2008	H20	子	36	7	36	7	37	8	38	9	40	10	41	11
2009	H21	丑	42	13	41	12	42	13	43	14	45	15	46	16
2010	H22	寅	47	18	46	17	47	18	48	19	50	20	51	21
2011	H23	卯	52	23	51	22	52	23	53	24	55	25	56	26
2012	H24	辰	57	28	57	28	58	29	59	30	1	31	2	32
2013	H25	巳	3	34	2	33	3	34	4	35	6	36	7	37
2014	H26	午	8	39	7	38	8	39	9	40	11	41	12	42
2015	H27	未	13	44	12	43	13	44	14	45	16	46	17	47
2016	H28	申	18	49	18	49	19	50	20	51	22	52	23	53
2017	H29	酉	24	55	23	54	24	55	25	56	27	57	28	58

★ 生年月表 ★

生まれ年	和暦	干支	1月	2月	3月	4月	5月	6月	7月	8月	9月	10月	11月	12月
2018	H30	戌	29	0	28	59	29	0	30	1	32	2	33	3
2019	H31/R1	亥	34	5	33	4	34	5	35	6	37	7	38	8
2020	R2	子	39	10	39	10	40	11	41	12	43	13	44	14
2021	R3	丑	45	16	44	15	45	16	46	17	48	18	49	19
2022	R4	寅	50	21	49	20	50	21	51	22	53	23	54	24
2023	R5	卯	55	26	54	25	55	26	56	27	58	28	59	29
2024	R6	辰	0	31	0	31	1	32	2	33	4	34	5	35

SEA

海
プロフィール

あなたの性格に迫るとともに、
2024年の運気や開運色、
相性などもお伝えします。

Sea Profile

LIGHT

- □ 優しくて義理人情に厚いしっかり者
- □ マイペースに頑張る自己中心型
- □ 地位にこだわる野心家
- □ いい人だと周りから認められたい

決断する月、努力が報われる月、吉凶混ざり引きが強い月にこの傾向が表れます

海の光と影

各天星タイプには、もともともっている性質がありま
す。普段、表に出ているのが「光」の性質です。ただ、
運気バイオリズムが崩れると「影」の性質が出てきます。

SHADOW

- □ 思考回路が複雑で決めつけや勘違いが多め
- □ 人を信じず、怒られたり否定が大嫌い
- □ 言い訳や責任転嫁をしがち
- □ 頑固で自分の意見を絶対に曲げない

運気が低迷する月、八方塞がりになりやすい月、リセットの月にこの傾向が表れます

運気バイオリズム（P.034）が☀（光）と☁（影）のときに、上記のような性質がそれぞれ出てきます。

海

二面性を隠しもった完璧主義者

基本性格

広く穏やかな海のように優しい雰囲気をもつ反面、完璧主義で深い海のように底知れぬ野心を隠しもっているタイプ。奥深くには、自分を守る強力な保護があり、自分軸が強め。人を信用するまで時間がかかります。自分でも自覚できていない思い込みや思考の癖をもつ実は頑固な人。本音を語らず、少々ドライな一面もあります。

海のトリセツ

⬆好きなこと・喜ぶこと

- 特別扱いされること
- 若く見られほめられること
- 丁寧にお礼を言われる
- ツボを押さえたほめ言葉
- 理解してもらえること
- 秘密を共有した優位な状況

⬇嫌がること・ストレスになること

- 自分のルールを変えること
- 人前で怒られること
- 自分をさらけ出すこと
- 短所を指摘してくる人
- 土足で踏み込まれること
- 思い通りにならないこと

2024年の開運のカギ

やるといいこと	謙虚な気持ちで心からの感謝をする
気をつけるべきこと	自分の固定観念に捉われない

2024年の開運相性

恋愛運を上げる天星	仕事運をのばす天星	金運をのばす天星
海 × 真昼	海 × 深夜	海 × 朝日

基本の開運色
青

2024年の開運色
オレンジ

2024年の開運アイテム
ゴールドピアス イヤリング

2024年の開運スポット
動物がいる場所

天星タイプ別 基本の相性

海 × 満月 ★★☆☆☆	海 × 大陸 ★★★☆☆
海 × 上弦の月 ★☆☆☆☆	海 × 海 ★☆☆☆☆
海 × 下弦の月 ★★★☆☆	海 × 朝日 ★★★☆☆
海 × 新月 ★★☆☆☆	海 × 真昼 ★★★☆☆
海 × 空 ★★★★☆	海 × 夕焼け ★☆☆☆☆
海 × 山脈 ★★★★☆	海 × 深夜 ★★★★★

海

天星ナンバー

51

ほめられて伸びるナイーブさん

叱られることが苦手で、ほめられると人一倍頑張ります。頑固で無意識に決めつけやすいところがあり、人の話もいつの間にか自分流に変換しています。報告や連絡、相談が苦手で、何を考えているか人に伝わりにくいタイプ。柔軟性を身につけると幸運をつかめるでしょう。

こんな星が入ってる

- ★ 言い訳し、ごまかす星
- ★ 怒られたくない星
- ★ 実は尽くす星

天星ナンバー

52

マイルールで突っ走るパワフル人間

正義感が強く、うまくいかないことがあっても、そこから何かを学び取る強さをもっています。堂々としているように見えますが、地雷がわかりにくく、キレポイントがズレています。自信がついてくると、より人を惹きつけるようになるでしょう。

こんな星が入ってる

- ★ 自分ルールが独特の星
- ★ 冗談が通じない星
- ★ 自分はいい人だと思っている星

天星ナンバー

57

一歩一歩着実に進む努力の人

警戒心が強く、穏やかに自分のペースで生きるタイプ。人を信じるまでに時間がかかり、信頼できる居心地のいい空間を求めます。うまくいかないことがあると一気にやる気がなくなる傾向も。諦めず、最後までやり抜くことが開運に。

こんな星が入ってる

- ★ 実は甘えん坊の星
- ★ 無意識に人を下げる星
- ★ アグレッシブの星

天星ナンバー

58

頑固一徹！ 我流を貫く完璧主義者

一度決めたら決して譲らない、自分の信念を貫く人。一度思い込んでしまうと、頭を切り替えるのに少々時間がかかります。無意識ですが表と裏の二面性があり、笑顔の裏はなかなか見えません。天然で忘れっぽいところも。柔軟性をもつよう心がけると、さらに魅力的に。

こんな星が入ってる

- ★ 思い込みが激しい星
- ★ 忘れっぽい星
- ★ 文章を勝手に切り取る星

CHARACTER

SEA

YEARLY FORTUNE

2024年
海の運勢

THEME

“目標を定めて
一歩踏み出す年”

総合運

人に何かを言われても、すぐ否定せず素直に認めることを意識し、思い込みを手放すことが幸運をつかむカギとなる年。自分を見つめ直し、新しくまっさらな自分でスタートを。夢や目標を明確にし、そこに向かって具体的な行動を起こしていきましょう。まもなくあなたにとって必要なご縁やチャンスが近づいてきます。希望やヒントに気がつけるようにしましょう。課せられた責務をきちんと果たし、立場や役割にふさわしいふるまいと笑顔を忘れずにいれば開運に。

恋愛運

紹介運高め、将来のパートナーを見つけるのにいいタイミング。信頼できる人に理想のタイプを伝えてみて。一方で曖昧な関係や同じような失敗を繰り返している相手とは別れを決断するとき。妥協せずに運命のパートナーを選びましょう。愛情や誠意をしっかり伝え、コミュニケーションを大切に。

仕事運＆金運

目標をはっきり決めることが開運につながります。方向が見えさえすれば、持ち前のバイタリティとコミュニケーション能力を活かして前進できるはず。また、2024年は周囲と調和することも大切。金銭面では、成長のために必要な学びにお金を使うと後で返ってくるでしょう。

2024年の運気バイオリズム

運気が低迷する月
・健康面に影が
・頑固はNG
・流れに身を委ねる

八方塞がりになりやすい月
・謙虚さを大事に
・決めつけない
・じっくり煮詰める

リセットの月
・判断ミス
・縁が切れる
・爆発しやすい

新スタートの月
・新発見
・チャレンジする
・直感が戻る

物事を見直す月
・体調を崩しやすい
・準備の時期
・少し休憩

決断する月
・直感に従う
・人生が変わる
・軸を定める

メンテナンスの月
・体調管理を第一に
・メンタルダウンに注意
・癒しを大切にする

2023年　2024年

秋　冬　春

☀（光）と☁（影）のときは、
P.027のような性質が
それぞれ出てきます。

努力が報われる月
・変化がある
・力を発揮できる
・夢が膨らむ

誘惑が多い月
・調子にのりがち
・足腰を温める
・決断はNG

再挑戦できる月
・縁ある人と再会
・チャンス到来
・経験を活かせるとき

吉凶混ざり引きが強い月
・自信をもって行動
・プチセレブ感
・注目が集まる

振り返ってみる月
・楽しんでみる
・穏やかな雰囲気
・最後の決断

運気が低迷する月
・健康面に影が
・頑固はNG
・流れに身を委ねる

八方塞がりになりやすい月
・謙虚さを大事に
・決めつけない
・じっくり煮詰める

夏　秋　冬

赤（偶数年生まれ）

51　52

57　58

RED

目的を決め踏み出す年。今後の数年を左右する大きな決断を迫られる時期です。人の話をしっかり聞いて理解を。あなたを救ってくれる人を見逃さないように。オープンマインドを意識し、心の窓を磨きあげると新しい世界が広がります。

決断運	★★★★★
人間関係	★★★★☆
健康運	★★★☆☆
金運	★★★★☆

＼あなただけの／
光の月 6月、9月／**影の月 11月、12月**

白(奇数年生まれ)

WHITE

51 52

57 58

物事を見直すタイミング。ワークスキル、劣化したスキル、スマホ・PC、自分の弱い部分、すべてのアップデートを図ってみて。自分と戦い、人とは戦わない。怒られても期待されているとポジティブに受け止めると開運。

決断運	★★☆☆☆
人間関係	★☆☆☆☆
健康運	★★☆☆☆
金運	★★★☆☆

＼あなただけの／

光の月 7月、10月／影の月 1月、12月

2023 11 November 運気が低迷する月

今月の開運メッセージ

今置かれている状況に不満を感じたり、不安になったりしやすいとき。誰の人生にもアップダウンはあるもの。落ち込むようなことが起きても深く考えすぎず、流れに身を委ねてみましょう。今やるべきことに集中すると心も落ち着くはず。自分とは違う考え方の人と話したり、映画や本などでいろいろな価値観に触れたりすると、たくさんのことが学べそうです。

今月の開運行動

1. 運動やトレーニングで足腰を鍛える
2. メッセージは読み返して1つひとつ丁寧に返信を
3. 迷ったら周りの人の意見を参考にする

天星ナンバー別
今月のお言葉

あなたの
天星ナンバー
をチェック!

赤
（偶数年生まれ）

RED

51
52
57
58

不安や不満を感じたら、いったん思考停止を。考えすぎず流れに任せて、映画や読書で気分を紛らわせて。信頼できる人に相談するのも吉。

白
（奇数年生まれ）

1年を振り返り、やるべきこと、忘れていることがないか確認し、終わらせるように。苦手なことも楽しみながら取り組むことが開運に。

2023 12 December 八方塞がりになりやすい月

今月の開運メッセージ

今月は予定が変更になったり、突発的な出来事が起こったりしやすいとき。イレギュラーなことが起きてもすぐに対応できるように、いつも以上に冷静に行動しましょう。自分が望んでいる状況ではなかったとしても、ふてくされたり、殻に閉じこもったりせず、やるべきことに真摯に取り組むことが幸運につながります。今の自分にできることを考えて少しずつ進みましょう。

今月の開運行動

1. 自分より周りの人の幸せを優先する
2. 決めつけずに相手の話をしっかり聞く
3. 余裕をもって5分前行動を心がける

天星ナンバー別 今月のお言葉

あなたの天星ナンバーをチェック!

赤
（偶数年生まれ）

RED

51 52 57 58

じっくりと慎重に行動することで、トラブルを避けられそう。今できることを誠実に。謙虚に、落ち着いて過ごすことが開運のカギ。

白
（奇数年生まれ）

前に出るのではなく、後ろに控えるくらいの態度を心がけて。趣味嗜好に変化があったら、その世界を広げてみるのもよさそう。

2024 1 January リセットの月

今月の開運メッセージ

今月は、身の回りを整理することが幸運のカギ。悪い習慣をやめたり、曖昧な状態のものはすべて断ち切るといい時期。頑固さを手放し、思い込みをはずせるように。自身にあるメンタルブロックを解除し、新しいあなたを受け入れるタイミングです。重要なものや縁にも注目してみて。スッキリした気持ちで1年をスタートさせましょう。

今月の開運行動

1. 周りの人の魅力や長所を探してみる
2. クローゼットの中身など持ち物の整理整頓を
3. どんなときも焦らず冷静に判断する

天星ナンバー別 今月のお言葉

あなたの天星ナンバーをチェック!

赤
（偶数年生まれ）

RED

51

52

57

58

新たな縁を結ぶのにぴったりな時期。去っていく人がいても、追いすがらずに、新しい出会いを待つつもりでゆったりと構えていればOK。

白
（奇数年生まれ）

あれこれ挑戦するより、自分を見つめてほしい月。勘違いをしやすいので考えすぎず素直に。普段の自分と逆の選択をするとスムーズにいく予感。

2024 2 February 新スタートの月

今月の開運メッセージ

今月は新しいことに興味が湧いたり、「何かを始めてみたい」という気持ちが生まれたりする時期。「現状維持ではなく、変化する」をキーワードに、気になったことにどんどん挑戦してみて。「おもしろそう」と感じることがあったら、その直感を信じること。深く悩んだり、考えすぎたりせず、勢いを大切にして動くと、徐々に運気が上がっていくでしょう。

今月の開運行動

1. 好奇心の赴くままに行動してみる
2. 「おいしい」「うれしい」を集めてみる
3. 体力作りをスタート

天星ナンバー別 今月のお言葉

あなたの天星ナンバーをチェック!

赤（偶数年生まれ）

RED

51 52 57 58

春に向けて、霧が晴れるように運気が上昇します。今から好調期に向けて、トレーニングやストレッチなどで体を整えておきましょう。

白（奇数年生まれ）

あなたの波長が切り替わる月。しっくりこなくなってきたものは手放して正解です。今後の運気安定のカギは、家族や大切な人に尽くすこと。

2024 3 March 物事を見直す月

今月の開運メッセージ

今月はいったん立ち止まって、ここまで進めてきたことを振り返るといいタイミング。これからどんなふうになりたいのか、改めて考えてみましょう。古い写真や日記、書いていたメモを読み返すとエネルギーに。人生の学びを得るチャンスもあります。独学よりも教わると吉。周りの意見を参考にし、なにごとも準備をするようにしましょう。

今月の開運行動

1. 苦手なことに取り組んでみる
2. メモをしっかりとる
3. 今までと違う価値観に触れてみる

天星ナンバー別 今月のお言葉

あなたの天星ナンバーをチェック!

赤（偶数年生まれ）

RED

体調が気になってくるので、意識的に生活習慣を見直しましょう。やりたいことはリスト化し整理してみると、来月に向けて弾みがつきます。

51

52

57

58

白（奇数年生まれ）

本来のエネルギーがゆっくり戻ってくる月。初めてのことでも恐れずトライすると可能性が広がります。引っ越しやお部屋の模様替えも吉。

2024 4 April 決断する月

今月の開運メッセージ

今月は人生を変えるくらいの大きな決断をすると、いい運気の波にのれそう。何を考えているかわからないようなどっちつかずの態度は控えて、ひらめきを大事にし、素早くジャッジしましょう。周囲の人にも、あなたの意思をしっかり伝えるよう努力してみて。これからのビジョンや夢を見据えた上で、取り組んでいくことと、手放すことの取捨選択も大切です。

今月の開運行動

1. どんな変化も楽しむ
2. 基礎から学び直して スキルアップをめざす
3. 意思表示をきちんとする

天星ナンバー別 今月のお言葉

あなたの天星ナンバーをチェック!

赤
（偶数年生まれ）

RED

51 52 57 58

人生の軸を定めるとき。あなたの直感に従って、「YES」と「NO」をはっきりと表すようにしましょう。目標に近づけるはずです。

白
（奇数年生まれ）

立ち止まらず、一歩ずつ進む時期。失敗は成長の種。諦めずに努力することが幸運を呼び込みます。出会い運もあるので積極的に交流を。

2024 5 May メンテナンスの月

今月の開運メッセージ

先月まで調子よく進んできましたが、勢いがあったぶん、ちょっと疲れが出始めているかも。今、頑張って無理をすると回復に時間がかかるので、今月はこまめに休む時間をとりましょう。食事や睡眠に気を配り、体調を整えることを優先して。落ち込みやすいときなので、好きなことや趣味に時間を使うなど、心が元気になれるようなことをしましょう。

今月の開運行動

1. オンとオフの切り替えはしっかりと
2. 休日は好きなことをして自分を癒す時間に
3. アロマや入浴剤でバスタイムを楽しむ

天星ナンバー別 今月のお言葉

あなたの天星ナンバーをチェック!

赤
（偶数年生まれ）

RED

51

52

57

58

「攻めより守り」が幸運につながる月。良質の睡眠を意識して自分のケアを。無理はしないこと。ケガもしやすいので行動は落ち着いて。

白
（奇数年生まれ）

自分の軸が定まる月。叶えたい夢があるなら、しっかり計画を立ててみるといい流れにのれます。ダイエットのスタートにもGOOD。

2024 6 June 努力が報われる月

今月の開運メッセージ

今月はできるだけ前向きな気持ちで過ごすことが運気アップにつながります。将来の明るいビジョンをイメージする、憧れの人の振る舞いを真似する、などを心がけてみて。言葉に力が生まれるときなので、ポジティブな言葉や周囲を笑顔にする言葉を使いましょう。ラッキーな出来事も起こりやすいとき。天からのサポートを実感できることもありそうです。

今月の開運行動

1. 人の役に立つよい行いを3つやってみる
2. 自分の悪い癖を探しよい変化をさせてみる
3. 感謝の気持ちを言葉にして伝える

天星ナンバー別 今月のお言葉

あなたの天星ナンバーをチェック!

赤（偶数年生まれ）

RED

51 52 57 58

うれしいニュースが飛び込んできそうな予感。生活にプラスになる出来事も。何かを手放すことで、新しい人生がスタートするでしょう。

白（奇数年生まれ）

自分を過信せず、体と心のSOSに耳を傾けて。自分の想いは丁寧に伝えよう。好きな香りでパワーチャージを。身の回りの整理整頓も効果的。

2024 7 July

誘惑が多い月

今月の開運メッセージ

何かに夢中になることが運気アップにつながる月。好きなことはどんなことでも追求するといいでしょう。ピンチがチャンスを生む時期でもあるので、失敗を恐れず、注意はありがたく受け入れて。また、「聞くは一時の恥、聞かぬは一生の恥」を心がけ、虚勢を張らずに周りの人に素直に聞いたり、自分で調べたりして、成長していくことが大切です。

今月の開運行動

1. 人の話は最後まで聞く
2. 周りの人としっかりコミュニケーションをとる
3. 1日の振り返りをしてみる

天星ナンバー別 今月のお言葉

あなたの天星ナンバーをチェック!

赤（偶数年生まれ）

RED

51 52 57 58

早とちりや勘違いをしてしまいそう。話す前に一度考える、ミスがないか確認するなど、常に落ち着いた行動を心がけましょう。

白（奇数年生まれ）

天からの光があなたを包む月。苦手なことも楽しんで取り組めば、難なくクリアできそう。人から応援されたら、感謝を言葉で伝えるように。

2024 8 August 再挑戦できる月

今月の開運メッセージ

今月は過去との縁が濃くなるとき。新しいことに目を向けるより、これまでの人生で取り組んできたこと、関わりのあった人や物を見直しましょう。以前うまくいかなかったことも、今もっている知識や経験を活かして挑戦すれば成功する可能性も。また、久しぶりに連絡をくれた友達がいたら、ラッキーパーソンかもしれないので、どんどん交流してみるといいでしょう。

今月の開運行動

1. 過去にハマっていたことにもう一度取り組む
2. 今後やってみたいことを3つ書き出す
3. お世話になった人にお礼を言う

天星ナンバー別 今月のお言葉

あなたの天星ナンバーをチェック!

赤
（偶数年生まれ）

RED

51 52 57 58

途中で止めていたことにとりかかったり、今までやってきたことを振り返ったりすると吉。懐かしい人からのお誘いをきっかけに良縁がありそう。

白
（奇数年生まれ）

気分が変わりやすい月。判断力も鈍るのでミスに注意。重要なことは1人で決めず、周囲と協力を。「ありがとう」をたくさん使うと幸せ体質に。

2024 9 September 吉凶混ざり引きが強い月

今月の開運メッセージ

未来につながるような大きな決断をするのに適した月です。今後の土台を作る大事な時期なので、未来に向けて失敗を恐れず行動しましょう。いい経験や学びになるようなことなら、多少の出費は自己投資と捉えてOK。ピンと来るものがあれば迷わず挑戦を。あなたの感性を大事にすることで、この後の大きな幸運につながるはずです。

今月の開運行動

1. 何事にも全力を尽くし最後までやり遂げる
2. 自分を信じて積極的に行動する
3. 明るい色の服や小物を身につける

天星ナンバー別 今月のお言葉

あなたの天星ナンバーをチェック!

赤（偶数年生まれ）

RED

具体的な未来を思い描いて、自信をもって行動してみましょう。思い切った決断も◎。あなたの可能性がさらに広がっていきます。

51 52 57 58

白（奇数年生まれ）

言葉が力をもつ月。なるべくポジティブに。願いを口にするほど、気持ちも高まります。積極的な行動にツキがあるので気になる人には連絡を。

2024 10 October 振り返ってみる月

今月の開運メッセージ

どんなことも楽しんでみるといいとき。苦手意識があることや面倒に思うことも、「何事もいい経験」くらいの気持ちで気楽に取り組むようにすると、運も味方してくれるでしょう。大切な人との時間を作り、小さな喜びやうれしいことをメモしておくと、ラッキーが舞いこみやすくなりそう。月の後半は心身ともに落ちこみやすくなるので、体調管理にも気を配るように。

今月の開運行動

1. 同じ過ちを繰り返さないよう注意をする
2. 言葉や振るまいは慎重に
3. 成長した自分をほめてみる

天星ナンバー別 今月のお言葉

あなたの天星ナンバーをチェック!

赤
（偶数年生まれ）

RED

51 52 57 58

これまでやってきたことを振り返るなら月の前半のうちに。疲れが出てくる後半は、体調を優先して、少しずつブレーキをかけて。

白
（奇数年生まれ）

引き寄せパワーが高まる月。自分を信じて行動すると、いい結果がついてきます。金運もいいので、スキルアップのための自己投資を。

2024 11 November 運気が低迷する月

今月の開運メッセージ

今月は心を揺さぶられるような出来事が多くなるかも。相手に期待しすぎるほどズレが生じるなど、不安や不満を感じることもありそうです。そんなときほど焦らず、大らかな気持ちでかまえましょう。流れが変わるときですが受け入れることでトラブルも回避できるはず。今、目の前にあることに丁寧に向き合って、自分の軸を強く保つことが運気アップにつながります。

今月の開運行動

1. 内面から自分を磨くことを心がける
2. 資格取得の勉強など身になることを始める
3. 親しい人にこそ気遣いと礼儀を忘れない

天星ナンバー別 今月のお言葉

あなたの天星ナンバーをチェック!

赤（偶数年生まれ）

RED

51 52 57 58

不安があっても、焦って決断せず、流れに身を任せましょう。今は答えは出せなくてもかまいません。気持ちが沈んだときは、大きく深呼吸を。

白（奇数年生まれ）

家族や仲間と楽しく過ごせるとき。いい評価は周囲と分かち合うほど、のちの幸運につながります。重要なことを先に終わらせることが吉に。

2024 12 December 八方塞がりになりやすい月

今月の開運メッセージ

今月は自分のためではなく、周りの人のために動くよう心がけるといいとき。困っている人を見かけたら自分から声をかけるなど、奉仕の精神をもつことが自分自身の心の平穏にもつながります。一方で、甘えた行動は運気をダウンさせるので、謙虚な姿勢に徹して。自分自身がもっとよくなるよう努力できるときでもあるので、苦手なことにも向き合ってみましょう。

今月の開運行動

1. 周囲の人との調和を心がける
2. 自分の心の栄養になるようなものに触れる
3. こだわりを手放して柔軟に考えてみる

天星ナンバー別
今月のお言葉

あなたの
天星ナンバー
をチェック!

赤
（偶数年生まれ）

RED

51
52
57
58

人の意見を素直に聞くことが大切。自分のことばかりにならず、調和を意識しましょう。寒さで体調が不安定にならないよう気をつけて。

白
（奇数年生まれ）

無意識に否定や不満が出やすく、周りに誤解されたり、乱れやすい月。自分を守りすぎず、人の意見を受け入れ、感謝の気持ちを大切に。

SEA

2024年
日々の
開運メッセージ

Daily Fortune Message

先々を見通してみたり
その日がどんな日なのか調べてみたり
日々の過ごし方や考え方の
参考にしてみてくださいね。

運気キーワード

《 吉凶日 》

天赦日

「天が赦す日」と書くように、神様がすべての罪を赦し、障害が取り除かれる日とされています。一粒万倍日より数が少ない大吉日。結納や婚姻届の提出など、結婚にまつわることを行うのによく、新しいことを始めるのにもいい日です。

一粒万倍日

「一粒の種子が万倍にもなって実る」という意味をもち、何かを始めるのにいい日とされています。財布の新調にも最適。ただし、人からお金やものを借りると、万倍に膨らみ凶となるため注意してください。

不成就日

要注意日。何事も成就しない、悪い結果を招いてしまう日とされています。結婚、開店、起業など、新しいことを始めるのは避けた方がいい日です。

吉日と不成就日が重なる場合には、あまり新しい行動を起こさない方がベター。

《 月の満ち欠け 》

● 新月

新しいスタートを切るのにいいとき。新しいものを買うのにもいい日とされています。

◐ 上弦

新月から満月へと満ちていくとき。判断力や決断力が高まっているときで、積極的な行動を起こすのに適した日とされています。

◑ 下弦

満月から新月へと欠けていくとき。物事をリセットしたり、デトックスしたり、感情のリセットなどにも向く日とされています。

○ 満月

不要なものを手放すのにいい日とされています。

PHASES OF THE MOON

2023 11 November

毎日の運気をチェック!

運気が低迷する月

DATE			
1	Wed.		他人事だと思わず助けよう。頭を下げる勇気も必要。
2	Thu.		外出前は戸締まりや火の元を確認。余裕のある行動を。
3	Fri.		問題を通して学べそう。歩み寄る精神が大切。
4	Sat.		悩んでいることに光が。何気ない一言を逃さないで。
5	Sun.	◐	おいしい話には用心。裏があると思って聞くように。
6	Mon.		悔しさをバネに前進。お祝い事は素直に祝福を。
7	Tue.		睡眠は健康の基本。枕やマットを見直してみよう。
8	Wed.	不成就日	誘いが多くて出費がかさみそう。買い物は計画的に。
9	Thu.		相手を責める前に自分の行動を振り返ることが大事。
10	Fri.		懐かしい場所を訪れるとうれしい出会いがありそう。
11 一の酉	Sat.	一粒万倍日	欲しかったものを今日買うと長く使えるお気に入りに。
12	Sun.	一粒万倍日	焦らず、流れに身を任せることを大切にすると開運。
13	Mon.	●	目上の人のアドバイスが問題解決の糸口になる予感。
14	Tue.		苦手なことがあっても真面目に挑めば成長できそう。
15	Wed.		問題には真摯に対応を。後回しにしないように。

16	Thu.	不成就日	新しい情報が入りそう。年末の計画に役立てよう。
17	Fri.		何気ない会話にヒントが。アンテナを張ってみて。
18	Sat.		ふとした一言ですれ違いに。柔らかい言葉を使おう。
19	Sun.		肌や髪の乾燥ケアを。散歩やストレッチもおすすめ。
20	Mon.		好みのタイプと出会うかも。まずは友達から始めて。
21	Tue.		疲れやすい日。根を詰めすぎないようにしよう。
22	Wed.		予想外の展開になるかも。受け入れて前向きに対応。
23 二の酉	Thu.	一粒万倍日	家族団らんを心がけ、食卓を囲んで会話を楽しもう。
24	Fri.	一粒万倍日 不成就日	一緒にいて落ち着く人を大切に。わがままは控えて。
25	Sat.		うっかりミスに注意。早め早めの行動で防げるはず。
26	Sun.		未経験のことに苦労しても、学びの機会と捉えよう。
27	Mon.		憧れの人の話から今の状況を打破するヒントを発見。
28	Tue.		新しいことを始めるなら、焦らずにゆっくり進めて。
29	Wed.		空気を読むことも大切。話を合わせてトラブル防止。
30	Thu.		迷っていることは周りに相談してから決めよう。

新月 上弦 満月 下弦

毎日の運気をチェック!

2023 12 December 八方塞がりになりやすい月

DATE			
1	Fri.		人の些細な言動が気になるかも。心にゆとりをもとう。
2	Sat.	不成就日	心配事を気にせず、じっくり取り組めることを優先。
3	Sun.		結果がイマイチでも、答えを出すのは少し待って。
4	Mon.		過去の頑張りが役立つとき。誰かの助けになるかも。
5	Tue.	一粒万倍日	噂話を本気にするのは危険。まずは本当か確かめて。
6	Wed.	一粒万倍日	見返りを求めず動くと、気持ちが相手に伝わりそう。
7	Thu.	一粒万倍日	お気に入りの服を着て出かけると、トラブル回避に。
8	Fri.	一粒万倍日	約束を忘れないよう、朝起きたら予定を確認しよう。
9	Sat.		1人でこなすのは大変。早めに助けを求めて。
10	Sun.	不成就日	プレゼントを選ぶ前に候補をリストアップしておこう。
11	Mon.		ネットで情報収集。欲しかった物はセールでお得に。
12	Tue.		もしかしたら相手は傷ついているかも。素直に謝ろう。
13	Wed.		自分や大切な人の体調に注意。体を温めて回復。
14	Thu.		交際費がかさんでも、気前よく使うと運気もアップ。
15	Fri.		手応えが感じられず沈みがち。湯船で疲れをとって。

16 Sat.		外出は落ち着いた服装で。懐かしい人と再会の予感。
17 Sun.	不成就日	今年お世話になった人に挨拶すると温かい気持ちに。
18 Mon.		クリスマスの予定は家族や友達に合わせよう。
19 Tue.	一粒万倍日	こだわりすぎはマイナスに。相手の事情も理解して。
20 Wed. ◐	一粒万倍日	潔く負けを認めるのも手。時機を見て再度挑戦を。
21 Thu.		休むことも仕事のうち。無理せず早めの就寝が◎。
22 Fri. 冬至		年末の解放感が高まりそう。最新スポットで遊ぼう。
23 Sat.		周りの人をおもてなし。一緒に1年を振り返ってみて。
24 Sun.		直感が冴える日。即実行！ で幸運をつかもう。
25 Mon.	不成就日	疲れが蓄積。来年に持ち越さないよう早めに病院へ。
26 Tue.		お疲れ様の挨拶はみんなに。1年の労をねぎらおう。
27 Wed. ○		衝動買いしそうな日。買い物リストを作ると安心。
28 Thu.		来年やりたいことを具体的に書き出してみよう。
29 Fri.		欲しかったものは今が買いどき。すぐに決断を。
30 Sat.		日中はテキパキ動こう。夜はお風呂でゆっくりと。
31 Sun. 大晦日	一粒万倍日	1年の感謝を伝えながら、おいしい食事で年越しを。

●新月 ◐上弦 ○満月 ◑下弦

2024

1 January リセットの月

毎日の運気をチェック!

DATE			
1 Mon. 元日	天赦日 一粒万倍日	聞き役でいると良い1年のスタートが切れそう。
2 Tue.	不成就日	予想外の展開があるかも。今は素直に受け入れて。
3 Wed.		積極的に友達と会うと、会話が弾んで楽しい時間に。
4 Thu.		何事も前向きに取り組もう。休息も上手にとること。
5 Fri.		勘が冴える日。悩む時間があるなら行動に移そう。
6 Sat.		体調で気になることがあるなら早めのケアをして。
7 Sun. 七草		力を発揮できる日。コミュニケーションを大切に。
8 Mon.		楽しくても調子にのらず早めに帰り、明日に備えよう。
9 Tue.		これまでの経験が活かせるような方法を考えてみて。
10 Wed.	不成就日	こだわりを捨ててみるといい流れが生まれるかも。
11 Thu.		楽しんでやってみると周りの人も応援してくれそう。
12 Fri.		気になることがあっても今は触れない方がベター。
13 Sat.	一粒万倍日	ファッションで遊んでみよう。沈んだ気持ちも回復。
14 Sun.		惰性で続いているだけの関係は思い切ってリセット。
15 Mon.		違和感があるなら手放してみて。流れが変わるかも。

16	Tue.		一粒万倍日 不成就日	冷静に判断するために、しっかりと情報収集して。
17	Wed.			悩んだときこそ柔軟に考えて。直感に従うのも◎。
18	Thu.	◖		無理は禁物。不摂生をやめて規則正しい生活を。
19	Fri.			人が集まる場には積極的に参加。浮かれすぎは×。
20	Sat.			気の緩みに注意。人の目を意識して気を引き締めて。
21	Sun.			経験をふまえ今までと違う視点をもつと結果が出そう。
22	Mon.			頑張っている自分にご褒美を。やる気もアップ!
23	Tue.			温かい言葉に助けられるかも。その感謝を忘れずに。
24	Wed.		不成就日	相手の欠点よりも、いいところに目を向けてみて。
25	Thu.		一粒万倍日	意見がぶつかったときは相手にゆずる余裕をもとう。
26	Fri.	○		今が踏ん張りどき。粘り強く取り組むと後で好運が。
27	Sat.			過去にとらわれず、未来に目を向けて準備しよう。
28	Sun.		一粒万倍日	素直にアドバイスを聞けば、いい出会いがあるかも。
29	Mon.			悩むより、目標を決め気合いを入れて動き始めよう。
30	Tue.			体調第一で無理をしないこと。夜は早めに就寝を。
31	Wed.			自信をもって積極的に動くとラッキーがあるかも。

● 新月 ◖ 上弦 ○ 満月 ◗ 下弦

2024　2　February

毎日の運気をチェック!

新スタートの月

DATE			
1 Thu.	不成就日		楽しみは息抜き程度で。ハメを外しすぎないように。
2 Fri.			新しいことを始めてみれば、世界が開けるかも。
3 Sat. 節分	◑		引きが強いとき。うれしい臨時収入がある予感。
4 Sun.			大変なことが一区切り。周りの人にも感謝を伝えて。
5 Mon.			計画通りに進まないときは、流れに身を任せよう。
6 Tue.			柔軟性が大切な日。周りの意見を素直に取り入れて。
7 Wed.	一粒万倍日		体を整えたいタイミング。親しい人と散歩や運動を。
8 Thu.			あれこれ欲張らず、本当に欲しいものに絞ってみて。
9 Fri.	不成就日		明るい笑顔が好運のカギ。疲れたらひと休みを。
10 Sat.	●		決断に適した日。早めのバレンタインデートも◎。
11 Sun.			冷えが体調を崩す原因に。暖かい服装を心がけて。
12 Mon.	一粒万倍日 不成就日		明日以降、いろいろな人との交流を計画しよう。
13 Tue.			思い込みに気をつけて。行動する前に確認を。
14 Wed.			昔からの友達のアドバイスに救われることも。
15 Thu.			願いが叶う日。自信をもって行動すると運も味方に。

16	Fri.		リラックスして過ごせそう。身近な人が癒しの存在。
17	Sat.		突発的な問題も、焦らず対応して経験値をアップ。
18	Sun.		自分に都合が悪いことも、正直に話すことで解決に。
19	Mon.	一粒万倍日	無計画はトラブルのもと。プランを立てて実力発揮。
20	Tue.	不成就日	コツコツ進めていけば、遅れを取り戻せるかも。
21	Wed.		仲良くなりたい人とは少しずつ距離を縮めてみよう。
22	Thu.		ほめられても調子にのらず、謙虚に受け止めること。
23	Fri.		疲れが出やすい日。こまめに休む時間を作って。
24	Sat.	一粒万倍日	積極的に出かけてみると、心躍る出会いがありそう。
25	Sun.		遊びたいなら、やるべきことをしっかり終えてから。
26	Mon.		努力が実りそう。これまでの経験を活かしてみて。
27	Tue.		気を抜かずに取り組むと、いい結果につながりそう。
28	Wed.	不成就日	頭が冴える日。周りの人と協力する姿勢も大切に。
29	Thu.		思い通りにならなくても、誠実な態度を忘れないで。

新月 上弦 満月 下弦

毎日の運気をチェック!

2024 3 March 物事を見直す月

DATE			
1	Fri.		周りのペースに合わせてみると、その場が穏やかに。
2	Sat.	一粒万倍日	リセットのとき。悪い縁を断ち切る勇気も必要かも。
3	Sun. ひな祭り		新しいお店に出かけてみると面白い発見がありそう。
4	Mon.		自分なりに創意工夫を。うれしい評価につながるはず。
5	Tue.		結論を出すなら今。持ち越すと流れを逃す予感。
6	Wed.		無理は禁物。休息した方が結果的にいいことも。
7	Thu.	不成就日	忙しくなりそう。慌てず明るさと笑顔を忘れずに。
8	Fri.		些細なことに迷うかも。落ち着いて考えれば大丈夫。
9	Sat.		いい出会いがありそうな日。連絡先を交換しよう。
10	Sun.	一粒万倍日	少し贅沢して、自分にも周りの人にも日頃のご褒美を。
11	Mon.	不成就日	対人運が好調。マナーを意識するとさらに◎。
12	Tue.		すれ違いが起こるかも。過剰な期待は手放そう。
13	Wed.		面倒なことがあっても、成長の機会に変えてみよう。
14	Thu.		表面上のことに惑わされず、本質に目を向けて。
15	Fri.	天赦日 一粒万倍日	初対面の人との会話で、あなたの感性が磨かれる日。

16	Sat.		困っている人を見かけたら、迷わず手助けを。
17	Sun.		自分から動いてみると、いい情報が見つかるはず。
18	Mon.		体調管理を第一に。疲れているなら無理しないで。
19	Tue.	不成就日	テキパキ動いて、自分にできることで貢献しよう。
20	Wed.		集中力が続かなそう。こまめに休んで効率アップ。
21	Thu.		新しいアイデアで再挑戦すると成功のチャンスが。
22	Fri.	一粒万倍日	相手を尊重する姿勢を大切に。関係が進展するかも。
23	Sat.		これから忙しくなる予感。早めに休んで体力温存。
24	Sun.		厳しい言葉を耳にしたら、改善のチャンスと捉えて。
25	Mon.		確認作業は念入りに。後回しにするより今やろう。
26	Tue.		衝動で動くとトラブルの原因に。落ち着いて考えて。
27	Wed.	一粒万倍日 不成就日	忙しくても、持ち前の元気で乗り越えられるはず。
28	Thu.		1人で独占せず、みんなと分かち合う姿勢が大切。
29	Fri.		決断のとき。これからやっていきたいことを始めよう。
30	Sat.		無理して動くより、ゆったりしたスケジュールで。
31	Sun.		魅力が輝く日。積極的に動くと願いが叶うはず。

新月 上弦 満月 下弦

毎日の運気をチェック!

2024 4 April 決断する月

DATE			
1	Mon.		人の意見に惑わされそう。先のことを考えて判断を。
2	Tue.		何度も同じ失敗をしているなら、この機会に改善して。
3	Wed.	一粒万倍日	目標を数字で決めてみると、達成できる可能性大。
4	Thu.	不成就日	気にかかることは、人を頼るなど早めに手を打って。
5	Fri.		予定が変更になるかも。相手の都合を尊重しよう。
6	Sat.	一粒万倍日	家族や友達と過ごすといい日。元気をもらえそう。
7	Sun.		どんなことも大らかな気持ちで受け入れてみて。
8	Mon.		行動力を発揮して、やりたかったことに挑戦を。
9	Tue.	一粒万倍日 不成就日	朝からテキパキ動こう。遅れも挽回できるはず。
10	Wed.		人に伝える言葉を大切に。言い方で反応も変わる!
11	Thu.		疲れがたまりやすい日。仕事は早めに切り上げよう。
12	Fri.		華やかなファッションを意識することで運気アップ。
13	Sat.		曖昧な態度はトラブルのもと。はっきり意思表示を。
14	Sun.		話術を活かすと、気になる相手の懐に入り込めそう。
15	Mon.		自信をもって取り組むと、よい評価をもらえるかも。

16	Tue.		感謝の気持ちを言葉で表現すると、自分も幸せに。
17	Wed.	不成就日	慣れないことに苦戦しそう。疑問は放置しないで。
18	Thu.	一粒万倍日	不安なことは相談しながら進めると実力アップに。
19	Fri.		不要なものや人間関係を今日を機に整理しよう。
20	Sat.		直感が戻る日。身近なところに問題解決のヒントが。
21	Sun.	一粒万倍日	年下の人と接することで、面白い発想が浮かぶかも。
22	Mon.		生活リズムが乱れているなら整えるよう意識して。
23	Tue.		体の不調を感じたら病院へ。連休前に解決しよう。
24	Wed.		注目が集まりそう。堂々とした態度で臨めば成功！
25	Thu.	不成就日	お金にかかわる決断は、急がずしっかり考えてから。
26	Fri.		懐かしい友達との会話の中によいアイデアがあるかも。
27	Sat.		コツコツ努力してきた人はその成果が感じられそう。
28	Sun.		家族や友達との時間を作って。心が安らぐはず。
29	Mon.		ストレスがたまっても、暴飲暴食は避けよう。
30	Tue.	一粒万倍日	どんなときも逃げずに、正直でいることが最善の策。

新月 上弦 満月 下弦

毎日の運気をチェック!

2024 5 May

メンテナンスの月

DATE			
1	Wed.		ストレスはこまめに解消。体の冷えには気をつけて。
2	Thu.		自然に触れてリフレッシュを。早起きするのも吉。
3	Fri.	一粒万倍日 不成就日	将来をイメージして、やりたいことを考えてみて。
4	Sat.		生活習慣を整えるチャンス。ダラダラしすぎは×。
5	Sun. 端午の節句		気になる不調があるなら病院を探しておくと安心。
6	Mon.		思いは素直に表現してみて。いい反応がありそう。
7	Tue.		遊び疲れが出そう。ミスをしないよう慎重に動いて。
8	Wed.		昔の友達に連絡をとると、会話が弾んでいい時間に。
9	Thu.		あなたの頑張りを評価してくれる人が現れる予感。
10	Fri.		友達の優しさを感じられそう。今日の恩を忘れずに。
11	Sat.	不成就日	気になることがあっても口出しせず、適度な距離を。
12	Sun.		自分を強くもちたい日。身近なことから取り組んで。
13	Mon.		お部屋をとことんキレイに。花を飾るのもオススメ。
14	Tue.		競い合うことでやる気になれそう。前向きに挑戦を。
15	Wed.	一粒万倍日	朝活で充実。心の余裕をもつことが好運のカギに。

16 Thu.	一粒万倍日	時間にルーズにならないように気を引きしめよう。
17 Fri.		ちょっと豪華なランチにするなどプチ贅沢が癒しに。
18 Sat.		欠点も魅力になりそう。飾らない自分で勝負を。
19 Sun.	不成就日	うっかりしやすい日。時間と場所の確認は念入りに。
20 Mon.		最後まで丁寧に対応を。根気強さで運をつかもう。
21 Tue.		言葉より、黙ってそばに寄り添うことが大事な日。
22 Wed.		うまくいったのは周りの人のおかげ。心から感謝を。
23 Thu.		頑張りすぎなくてOK。今日はゆったりかまえよう。
24 Fri.		厳しい言葉はあなたへのエール。素直に従ってみて。
25 Sat.		身勝手さは抑えて、相手の都合や意見を尊重しよう。
26 Sun.		思い込みで決めつけず、情報を集めてから判断を。
27 Mon.	一粒万倍日 不成就日	優先順位を明確にして、テキパキ動くと充実しそう。
28 Tue.	一粒万倍日	協調性が大切な日。周囲が喜ぶことをやってみて。
29 Wed.		こまめに休憩をはさむと、いい成果につながりそう。
30 Thu.	天赦日	チームワークを発揮できる日。目標を明確にしよう。
31 Fri. ◗		ミスは素直に認めた方が周りから信頼されるはず。

● 新月 ◐ 上弦 ○ 満月 ◗ 下弦

2024 6 June

毎日の運気をチェック!

努力が報われる月

DATE			
1	Sat.		困ったときは、これまでに築いた人脈を頼ってみて。
2	Sun.		うれしい反応がもらえそう。喜びは分かち合おう。
3	Mon.		人の振る舞いに、自分の行動をあらためるヒントが。
4	Tue.	不成就日	意見を押しつけては迷惑に。一歩引いて見守って。
5	Wed.		感情が爆発しそう。人前では自制心を忘れずに。
6	Thu.	●	気分に左右されずに、冷静な頭で判断しよう。
7	Fri.		父の日のプランを練ろう。喜びそうなことを考えて。
8	Sat.		友達や同僚など横のつながりを意識して交流しよう。
9	Sun.		隠れた才能や特技を発揮するチャンスが来る予感。
10	Mon.	一粒万倍日 不成就日	立場をおびやかされることがあっても自分を信じて。
11	Tue.	一粒万倍日	トーク力と行動力を活かせばチャンスをつかめそう。
12	Wed.		無駄遣いしそう。買い物をするならリストを作って。
13	Thu.		懐かしい人や場所に縁あり。気になる人に連絡を。
14	Fri.	◐	コツコツ頑張ってきたことで手応えを感じられそう。
15	Sat.		謙虚な気持ちを忘れなければ、夢の実現に近づく!

16 Sun.		おせっかいはトラブルのもと。今日は裏方に徹して。
17 Mon.		何事も万が一を考えて行動を。万全の準備が大切。
18 Tue.	不成就日	いいアイデアが浮かんだら、じっくり温めておこう。
19 Wed.		成長のためにも、いろいろな人と交流してみると◎。
20 Thu.		いい情報がないか、アンテナを張っておこう。
21 Fri.		思い切って決断するといい流れに。勇気を出そう。
22 Sat.	一粒万倍日	体のメンテナンスデー。スパやエステで癒されて。
23 Sun.	一粒万倍日	うれしい知らせがあるかも。次の目標を立てると吉。
24 Mon.		「めんどくさい」を封印して、動く努力をしてみて。
25 Tue.		行き詰まったときは、昔からの友達に相談しよう。
26 Wed.	不成就日	視野を広げて取り組んでみると、トラブル回避。
27 Thu.		頑張っているあなたへのご褒美が待っているかも。
28 Fri.		情報は鵜呑みにせず、信頼できるか自分で確認を。
29 Sat.	◗	今月やり残したことはないか、振り返ってみて。
30 Sun. 夏越の祓		状況を立て直すとき。必要なものはしっかり守ろう。

● 新月 ◐ 上弦 ○ 満月 ◑ 下弦

毎日の運気をチェック!

2024 7 July
誘惑が多い月

DATE			
1	Mon.		気になっても勢いで行動せず、様子見にとどめて。
2	Tue.		先入観は捨てよう。意外と相手はいい人の可能性も。
3	Wed.		周りにも影響することは、落ち着いて決断しよう。
4	Thu.	一粒万倍日 不成就日	イライラするときは好きなことをしてリフレッシュ。
5	Fri.	一粒万倍日	自然体で思い切り楽しんで。自分らしさが輝くはず。
6	Sat.	●	大騒ぎして人の迷惑にならないよう言動に気をつけて。
7 七夕	Sun.		気兼ねなく過ごせる友達を集めて息抜きしよう。
8	Mon.	一粒万倍日	好評価を得られそう。気を抜かなければいい1日に。
9	Tue.		夏バテ注意報。外で動き回るより室内で過ごそう。
10	Wed.		10分前行動を心がけて。心に余裕ができて◎。
11	Thu.	不成就日	大切な人から不満を打ち明けられたら誠心誠意対応。
12	Fri.		すれ違い続きなら、ゆっくり話し合うタイミング。
13	Sat.		流行のメイクや髪型に変えると、新たな魅力が開花。
14	Sun.	◐	周りと団結し、得意なことで力を発揮し合おう。
15	Mon.		行き詰まったら外へ出てみると、いいアイデアが。

16	Tue.		身近な人を不安にさせていないか、振り返ってみて。
17	Wed.	一粒万倍日	頭で考えるより、流れに任せた方がうまくいきそう。
18	Thu.		誘惑が多い日。やるべきことだけ淡々とこなすこと。
19	Fri.	不成就日	昔の写真や手紙を見返してみると、幸せな気持ちに。
20	Sat.	一粒万倍日	どんなときも相手に寄り添う気持ちを大切にしよう。
21	Sun.	○	何気ない会話の中に、将来役立つヒントがありそう。
22	Mon.		思い通りにいかないときは、周囲の意見に従って。
23	Tue.		いい格好をしようとせず、等身大の自分で進もう。
24	Wed.		迷いが出やすい日。気持ちの切り替えを大切に。
25	Thu.		新しい仕事を任されるかも。大事なことはメモして。
26	Fri.		急な出費がありそう。無駄遣いには気をつけること。
27	Sat.	不成就日	チャンスを逃さないよう、今後の計画を立てて。
28	Sun.	◑	不調が出やすいとき。体を冷やさないように注意。
29	Mon.	天赦日 一粒万倍日	注目が集まる日。自然と周りに人が集まってきそう。
30	Tue.		逃げても後からやる羽目に。今日取り組んでおこう。
31	Wed.		運動不足かも。散歩やストレッチなど軽い運動を。

●新月 ◐上弦 ○満月 ◑下弦

毎日の運気をチェック!

2024 8 August 再挑戦できる月

DATE			
1	Thu.	一粒万倍日	仕事もプライベートも絶好調! 充実感を得られそう。
2	Fri.		周りの人からの助けは、ありがたく受け取ろう。
3	Sat.		自分のことより、周りに合わせることを優先して。
4	Sun.		気持ちが伝わりづらい日。丁寧な説明を心がけよう。
5	Mon.		睡眠はしっかりと。無理をしすぎないことが大事。
6	Tue.	不成就日	役立つ情報が得られそう。早速活用してみて。
7	Wed.		体調を崩しやすいとき。食生活を見直すと◎。
8	Thu.		あなたの発言が周りに影響しそう。大人な態度を。
9	Fri.		疲れから人に当たってしまうかも。体を休めて。
10	Sat.		仲間と一緒に挑めば、どんなことも達成できそう。
11	Sun.	一粒万倍日	気が緩みやすい日。人の話はしっかり聞くように。
12	Mon.	天赦日	昔の友達と集まると、沈んでいた気持ちも復活!
13	Tue.		礼儀正しい行動や、社会人としてのマナーを大切に。
14	Wed.	不成就日	なかなか解決しない問題は年上の人に相談してみて。
15	Thu.		過去にとらわれず、未来に向かって前進あるのみ。

16	Fri.	一粒万倍日	人は人。どんな相手にも広い心で向き合おう。
17	Sat.		今日はペースを落として、ゆっくりする時間をもって。
18	Sun.		いいアイデアが浮かんだら、勇気を出して動こう。
19	Mon.		休み明けなら、崩れた生活リズムを見直して。
20	Tue.	○	気まずいことも、話し合ってみるとすんなり解決。
21	Wed.		体調不良に気をつけて。冷房など冷え対策は万全に。
22	Thu.	不成就日	お気に入りの服を着て出かけると、注目を浴びそう。
23	Fri.	一粒万倍日	うっかりミスをしやすい日。落ち着いて行動しよう。
24	Sat.		家族に連絡してみて。心のつながりを感じられるかも。
25	Sun.		思わぬ臨時収入の予感。欲しかったものを買おう。
26	Mon.	◑	感謝を言葉にするといい日。メッセージカードも◎。
27	Tue.		問題は放置せず、自分の力で解決してみよう。
28	Wed.	一粒万倍日	忙しくなっても、困っている人は迷わず助けて。
29	Thu.		不測の事態に備えてデータは必ずバックアップを。
30	Fri.	不成就日	不慣れなことをするはめになっても学びととらえて。
31	Sat.		趣味や特技を伸ばすと、将来収入源になる可能性も。

● 新月 ◐ 上弦 ○ 満月 ◑ 下弦

毎日の運気をチェック!

2024 9 September 吉凶混ざり引きが強い月

DATE			
1	Sun.		何かを決めるときは、将来をイメージして考えて。
2	Mon.		ストレスがたまりやすい日。今日は早めに帰宅を。
3	Tue.		悪いところは直すよう努力するとさらに魅力アップ。
4	Wed.	一粒万倍日 不成就日	遅刻してしまいそう。1日の予定は朝に確認を!
5	Thu.		昔の同僚や友達と出かけると、いいリフレッシュに。
6	Fri.		うれしい知らせが舞い込みそう。喜びはシェアしよう。
7	Sat.		思わぬ事態に焦っても、どこかから助けが来るはず。
8	Sun.		早めに動いておくと、最後に慌てなくて済みそう。
9	Mon.	重陽の節句	周囲に振り回されたら、冷静な対応で切り抜けて。
10	Tue.		トントン拍子に進んでいる話ほど、急がず慎重に。
11	Wed.		自分とは違う分野の人と話すと刺激を受けそう。
12	Thu.	一粒万倍日 不成就日	結果を出したいなら、しっかり準備をして臨もう。
13	Fri.		しっくりこないことがあるなら、考え直すいい機会。
14	Sat.		美容と健康をチェック。食事の乱れを改善してみて。
15	Sun.		努力が実りそう。自分を信じて、一歩踏み出そう。

16	Mon.		相手を勘違いさせるような言動は控えておこう。
17	Tue. 中秋の名月	一粒万倍日	以前やったよい行いが返ってきそう。信頼を大事に。
18	Wed.		仕事や、自分が今やるべきことを優先すると吉。
19	Thu.		自分勝手な振る舞いは避けて、協調性を心がけよう。
20	Fri.	不成就日	欲しいものを見つけても、今日はいったんガマンを。
21	Sat.		予定は事前にチェックして余裕をもって動こう。
22	Sun.		疲れにはデトックスが◎。体の毒素を洗い流して。
23	Mon.		いつもと違うスポットや遊びを選ぶと、いい体験に。
24	Tue.	一粒万倍日	出会いが期待できる日。まずは友達から始めよう。
25	Wed.		問題は早めに解決して、心に余裕を作っておいて。
26	Thu.		感謝の気持ちがあれば、大きなトラブルは防げそう。
27	Fri.		魅力が輝く日。引っ張りだこでも謙虚な気持ちで。
28	Sat.	不成就日	気のりしなくても、テキパキ動くとチャンス到来。
29	Sun.	一粒万倍日	懐かしい友達と近況報告を。今後役に立つ情報も。
30	Mon.		苦手なことでも努力してきた人ほど、いい結果に。

新月 上弦 満月 下弦

2024　10　October

毎日の運気をチェック!

振り返ってみる月

DATE			
1	Tue.		大切な人と過ごすと◎。連絡するだけでも効果大。
2	Wed.		親友や家族相手でも、お金のやりとりは避けておこう。
3	Thu.	● 不成就日	疲れがたまっているかも。1人で休む時間をとって。
4	Fri.		思い違いをしている可能性も。強気な発言には注意。
5	Sat.		頭が冴える日。アイデアが浮かんだら忘れずメモを。
6	Sun.	一粒万倍日	好きなことが飛躍のチャンスに。どんどん発信して。
7	Mon.		流行を追うより上質なものを選ぶと運気アップ。
8	Tue.		飲みすぎや食べすぎに注意。胃腸を休めよう。
9	Wed.	一粒万倍日	人気運が高まる日。付き合いの長い人を優先して。
10	Thu.		金銭トラブルに注意。お金の貸し借りは控えること。
11	Fri.	◐ 天赦日 不成就日	昔の手帳を見返すと、自分の成長に気づけるかも。
12	Sat.	一粒万倍日	自分を磨くものにお金を使うと、やる気もアップ。
13	Sun.		周りの人の支えを実感。お礼や感謝を忘れずに。
14	Mon.		失言に気をつけたい日。慎重に考える練習を。
15	Tue.		相手の気持ちを考え、些細なことには目をつむろう。

16 Wed.			大事なことは１人で抱えず、家族や身近な人に相談。
17 Thu.			いつもと違う雰囲気の服装やメイクに挑戦してみて。
18 Fri.			帰宅後は読書をすると、元気をチャージできそう。
19 Sat.		不成就日	今後の課題が明確に。計画を立てて乗り越えて。
20 Sun.			忙しくなりやすいとき。体調管理は特にしっかりと。
21 Mon.		一粒万倍日	大変なことこそ、今取り組むとスムーズに進みそう。
22 Tue.			気持ちを引き締めて、やるべきことに集中するとき。
23 Wed.			行き詰まったら、初心を思い出してみるとヒントが。
24 Thu.	◗	一粒万倍日	華やかな装いで注目度アップ。上品さも忘れずに。
25 Fri.			朝活で充実した１日に。夜はゆっくり過ごすのが◎。
26 Sat.			割に合わないことは断る勇気をもつことも大事。
27 Sun.		不成就日	自分が前に出るよりも、人を立てた方がいいかも。
28 Mon.			予定が崩れても動じないで。焦らず立て直そう。
29 Tue.			夢や望みがあるなら、自分で実現する強さをもって。
30 Wed.			失敗も学びのチャンス。前向きな気持ちを大切に。
31 Thu.			計画通りにいかなくても、自分のペースを守ろう。

● 新月 ◖ 上弦 ○ 満月 ◗ 下弦

毎日の運気をチェック!

2024 11 November

運気が低迷する月

DATE			
1	Fri.		寄り道せずに家でのんびり過ごすのがオススメ。
2	Sat.	一粒万倍日	出会い運がある日。少しずつ距離を縮めてみよう。
3	Sun.		相手を試すような行動はNG。幸運は素直さから。
4	Mon.	不成就日	初心忘るべからず。慣れていることほど油断しないで。
5 一の酉	Tue.	一粒万倍日	買い物をするのはいいけど、大きな出費は控えよう。
6	Wed.		結果が出なくても焦らなくてOK。長い目で見て。
7	Thu.		アロマを焚いたり、湯船に浸かって自分を労ろう。
8	Fri.		自分流ではなく、ルールに従った方が平穏な1日に。
9	Sat.		うわべをとりつくろわず、本音を伝えた方がベター。
10	Sun.		金欠なら、お金をかけずに楽しめることを探そう。
11	Mon.		物事を見直すとき。一度立ち止まって考えてみて。
12	Tue.	不成就日	予定が変わりそう。気持ちをプラスに切り替えよう。
13	Wed.		軽い運動で体もスッキリ。温かい食事で元気が回復。
14	Thu.		流行を取り入れてみると、魅力が倍増しそう。
15	Fri.		人を助けるのはいいけど、前に出すぎないように。

16	Sat.		始めたことは、最後までやり抜く粘り強さをもって。
17	Sun.	一粒万倍日 二の酉	ライバルの登場に焦る必要なし。笑顔で勝負を。
18	Mon.	一粒万倍日	両親や大切な人に、感謝の気持ちを伝えてみよう。
19	Tue.		耳に痛い言葉でも、そこから学べることがあるはず。
20	Wed.	不成就日	人前に出るときは清潔な印象を与える服装を選んで。
21	Thu.		丁寧な振る舞いを心がけると、トラブルを防げそう。
22	Fri.		自分だけでなく、周りも幸せになる方法を考えよう。
23	Sat.		どんな状況でも、相手の気持ちを考えて行動を。
24	Sun.		自分の意見を押し通すより、周りへの配慮を大切に。
25	Mon.		注意を受けたら、欠点に気づかせてくれたと考えて。
26	Tue.		人気運が好調。1人でも出かけてみるといいことが。
27	Wed.		お金の使い方を考えたい日。家計簿をつけるのも◎。
28	Thu.	不成就日	気まずくなっている人には、素直に謝ってみて。
29	Fri.	一粒万倍日 三の酉	うれしい誘いがあるかも。積極的に行動してみよう。
30	Sat.	一粒万倍日	年末に向けて、そろそろ年賀状やお歳暮の準備を。

新月 上弦 満月 下弦

2024 12 December

毎日の運気をチェック!

八方塞がりになりやすい月

DATE		
1 Sun.		面倒なことに近づかないように。巻き込まれそう。
2 Mon.		争いは疲れるだけ。静かに時が過ぎるのを待とう。
3 Tue.		どんな人とでも誠実に向き合う姿勢を大切に。
4 Wed.		人付き合いを楽しみたい日。仲間をたくさん作ろう。
5 Thu.	不成就日	1人で頑張らず、協力を仰いでみるといい結果に。
6 Fri.		思い通りにいかなくても、この経験をバネにしよう。
7 Sat.		年末年始に向けて、体調の不安は解消しておいて。
8 Sun.		合わない人がいて当然。大事な仲間が支えてくれそう。
9 Mon.		締め切りギリギリで慌てないように、備えておこう。
10 Tue.		去年のSNSや手帳を見返すとヒントがあるかも。
11 Wed.		不確かな情報は確認を。信頼される人をめざして。
12 Thu.		まずは一段落。次にやることを整理しておこう。
13 Fri.	一粒万倍日 不成就日	焦りを感じやすい日。自分のペースを大切にして。
14 Sat.	一粒万倍日	逃げたくなっても我慢。踏ん張れば成長の機会に。
15 Sun.		水回りをキレイに掃除すると、いい流れになりそう。

16 Mon.		適当な仕事は信用を失うかも。細部まで丁寧に。
17 Tue.		過去の経験を活かせばチャンスをものにできそう。
18 Wed.		人恋しさを紛らわせるだけの行動はやめておこう。
19 Thu.		急な体調の変化に気をつけて。早めに病院へ。
20 Fri.		クリスマスの贈り物は少々奮発する価値がありそう。
21 Sat. 冬至	不成就日	隠していたことがバレる恐れ。素直に頭を下げて。
22 Sun.		来年の目標を決めるといい日。具体的に計画を。
23 Mon. ◗		年末年始の準備や買い出しにそろそろ動き出そう。
24 Tue.		大きなリスクをとるより、確実な道を選んだ方が◎。
25 Wed.	一粒万倍日	何があっても明るい笑顔でいるように心がけて。
26 Thu.	天赦日 一粒万倍日	家族を優先したい日。感謝を行動で表そう。
27 Fri.		本格的に大掃除を始めると吉。まずは計画を立てて。
28 Sat.		親しい仲間と集まって、1年のストレスを解消。
29 Sun.	不成就日	冷えると体調を崩す原因に。暖かい服装を選ぼう。
30 Mon.		予定は変わって当たり前。大らかな心をもって。
31 Tue. ● 大晦日		心身の疲れを癒やして、新たな年を迎えよう。

●新月 ◖上弦 ○満月 ◗下弦

OTHER PROFILE

他の天星のプロフィール

天星は全部で12タイプ。
自分以外の天星についても知って、
人付き合いに役立ててくださいね。

Profile

載っていること

基本性格

各天星のトリセツ

2024年の開運のカギ

開運色・アイテム・スポット

2024年の開運相性

その星から見た基本の相性

柔らかな愛と
“繊細な光のエネルギー”をもつ

月グループ

バランス感覚と
“自然な光のエネルギー”をもつ

地球グループ

秘めたパワーと
“情熱の光のエネルギー”をもつ

太陽グループ

★満月★

情にあふれたロマンチスト

基本性格

想像力が豊かで温かい心をもったロマンチストな反面、冷静で現実主義的に考える面ももち合わせているタイプ。周囲の人を気遣い、困っている人を放っておけない優しさがあるため、知らないうちに気疲れしてしまいがちです。安心してのんびりできる居場所を用意して、自分を癒すことも大切に。

満月のトリセツ

⬆好きなこと・喜ぶこと

- 温泉にゆったり浸かる
- サプライズ（する、される）
- 喜んでくれる人、素直な人
- 好きなだけ寝ること
- 趣味や遊びの共有
- 優しい言葉をかけられる

⬇嫌がること・ストレスになること

- 余裕がない状況
- 不安や心配を抱え込む
- 競争、戦い
- 無視や仲間はずれ
- 威圧的な態度
- 否定的な人、無神経な人

2024年の開運のカギ

やるといいこと	生活に運動や筋トレを取り入れる
気をつけるべきこと	オン・オフの切り替え、自律神経を整える

2024年の開運相性

恋愛運を上げる天星	仕事運をのばす天星	金運をのばす天星
満月 × **上弦の月**	満月 × **満月**	満月 × **夕焼け**

基本の開運色
紫

2024年の開運色
ミントグリーン

2024年の開運アイテム
手帳型スマホケース

2024年の開運スポット
フラワーパーク

天星タイプ別 基本の相性

満月 × 満月 ★★★★★	満月 × 大陸 ★★★☆☆
満月 × 上弦の月 ★★★★★	満月 × 海 ★☆☆☆☆
満月 × 下弦の月 ★★★★☆	満月 × 朝日 ★★☆☆☆
満月 × 新月 ★★★★☆	満月 × 真昼 ★★★★☆
満月 × 空 ★★★☆☆	満月 × 夕焼け ★★★★☆
満月 × 山脈 ★★★☆☆	満月 × 深夜 ★☆☆☆☆

上弦の月

無邪気で警戒心の強い癒し系

基本性格

美的感覚が鋭く、慎重そうに見えて直感型のタイプ。警戒心は強いですが根が純粋なので、いい人だなと感じるとすぐ信じてしまうことも。仲がいいと無意識のうちにわがままになりやすく、愛が感じられないと不安定になる一面も。自分を認めてくれ、安らぎをくれる人といることが開運につながります。

上弦の月のトリセツ

⬆好きなこと・喜ぶこと

- 好きな人と過ごすこと
- 優しく気遣われること
- お姫様、王子様扱い
- 安心できる場所や人
- すぐ返信、すぐ対応
- 親しい人との飲み

⬇嫌がること・ストレスになること

- 放置される、既読スルー
- 頑張りを評価されないこと
- 人と比べられること
- 突然のお誘い
- アウェイな場所
- 思い通りにいかない環境

2024年の開運のカギ

やるといいこと	好きなことに没頭する
気をつけるべきこと	胃の不調。休息をしっかりとる

2024年の開運相性

恋愛運を上げる天星	仕事運をのばす天星	金運をのばす天星
上弦の月 × 満月	上弦の月 × 真昼	上弦の月 × 空

基本の開運色	白
2024年の開運色	トマトレッド
2024年の開運アイテム	パワーストーン
2024年の開運スポット	水がキレイな場所

天星タイプ別 基本の相性

上弦の月 × 満月	★★★★★
上弦の月 × 上弦の月	★★★★☆
上弦の月 × 下弦の月	★☆☆☆☆
上弦の月 × 新月	★★☆☆☆
上弦の月 × 空	★★☆☆☆
上弦の月 × 山脈	★★☆☆☆
上弦の月 × 大陸	★★★☆☆
上弦の月 × 海	★★★★☆
上弦の月 × 朝日	★★★★☆
上弦の月 × 真昼	★★★★☆
上弦の月 × 夕焼け	★★★★☆
上弦の月 × 深夜	★★☆☆☆

下弦の月

ノリで勝負な愛嬌の達人

基本性格

好奇心旺盛で大器晩成型の気質をもち、出世するタイプ。仲よくなると気さくで、興味があることであれば臨機応変に対応できるなど順応性は高め。ただし飽きっぽくて集中力のないところがあり、興味のない話は聞いている風。根は明るく少し抜けている天然タイプですが、そこが大きな魅力です。

下弦の月のトリセツ

⬆好きなこと・喜ぶこと

- 好きな人たちからの応援
- 家族にほめられること
- 可能性を広げてくれる人
- 無添加や体によいもの
- 一流に触れること
- 自分を尊重してくれる人

⬇嫌がること・ストレスになること

- 否定されること
- 間違いを正されること
- 忘れないでと強制される
- 孤独感
- 「好き」を共感されない
- 責任を問われること

2024年の開運のカギ

やるといいこと	責任をもって何事も最後までやり抜く
気をつけるべきこと	キツイ口調や上辺だけの返事

2024年の開運相性

恋愛運を上げる天星	仕事運をのばす天星	金運をのばす天星
下弦の月 × 空	下弦の月 × 大陸	下弦の月 × 真昼

基本の開運色
黄色

2024年の開運色
ピンクベージュ

2024年の開運アイテム
財布

2024年の開運スポット
神社仏閣

天星タイプ別 基本の相性

下弦の月 × 満月 ★★☆☆☆	下弦の月 × 大陸 ★★★★★
下弦の月 × 上弦の月 ★★★★☆	下弦の月 × 海 ★★★★☆
下弦の月 × 下弦の月 ★★★☆☆	下弦の月 × 朝日 ★☆☆☆☆
下弦の月 × 新月 ★☆☆☆☆	下弦の月 × 真昼 ★★★☆☆
下弦の月 × 空 ★★★★☆	下弦の月 × 夕焼け ★★★★☆
下弦の月 × 山脈 ★★★☆☆	下弦の月 × 深夜 ★★★★★

新月

想像力が豊かな寂しがり屋

基本性格

想像力が豊かでクリエイティブな発想に優れています。芸術的センスも抜群。本心を隠す傾向があり、警戒心が強い反面、本質は寂しがり屋です。心を許せる相手には本当の自分をさらけ出すことができます。自分の信念をもち、知識や能力を高めることに集中するといい方向にいくでしょう。

新月のトリセツ

⬆好きなこと・喜ぶこと

- マメな連絡、情報の共有
- 記念日を大切にすること
- 真剣な話し合い
- 気にかけてくれる人
- 好きなものを写真に収める
- 自分の考えに寄り添う人

⬇嫌がること・ストレスになること

- いい加減な態度
- 既読スルー
- 苦しみを分かち合えない
- 場を乱す人
- SOSを見過ごされる
- ひとりぼっちにされる

2024年の開運のカギ

やるといいこと	感動体験やワクワクすることをしてみる
気をつけるべきこと	自信をなくさない

2024年の開運相性

恋愛運を上げる天星	仕事運をのばす天星	金運をのばす天星
新月×深夜	新月×夕焼け	新月×朝日

基本の開運色
銀色

2024年の開運色
エメラルドグリーン

2024年の開運アイテム
ピンキーリング

2024年の開運スポット
星空がキレイな場所

天星タイプ別 基本の相性

新月×満月 ★★★★☆	新月×大陸 ★★★☆☆
新月×上弦の月 ★★★★☆	新月×海 ★★★★☆
新月×下弦の月 ★★☆☆☆	新月×朝日 ★★★★★
新月×新月 ★☆☆☆☆	新月×真昼 ★★★★☆
新月×空 ★★★★☆	新月×夕焼け ★☆☆☆☆
新月×山脈 ★★☆☆☆	新月×深夜 ★★★★☆

空

包容力豊かな頑張り屋さん

CHARACTER KEYWORD

- お人好しの星
- 頑張り屋の星
- 負けず嫌いの星
- ミーハーの星
- バイタリティーがある星

基本性格

面白そうなことが大好きで、寛大な心のもち主。面倒見がよく困っている人を放っておけず、つい張り切ってしまうタイプ。自分に自信がないため人と比べ落ち込むと愚痴が多めに。どこか抜けていてツメが甘い面がある一方、仕事と恋愛の両立も得意な頼れるマルチプレーヤー。見栄っ張りで身内に冷たくなる傾向も。

空のトリセツ

⬆好きなこと・喜ぶこと

- いきつけの場所に行く
- 手土産(もらう、あげる)
- 気の合う人と食事＆談笑
- 自慢できる環境
- 満足感がある買い物
- お茶の時間

⬇嫌がること・ストレスになること

- 注意されること
- プライドを傷つけられる
- 仕事を邪魔される
- 異性関係に口出しされる
- すぐに対応しない人
- 待たされること

2024年の開運のカギ

やるといいこと	食のバランスを大切にし、欲を制御
気をつけるべきこと	体の不調のサインを見過ごさない

2024年の開運相性

恋愛運を上げる天星	仕事運をのばす天星	金運をのばす天星
空 × 下弦の月	空 × 朝日	空 × 上弦の月

基本の開運色
水色

2024年の開運色
白

2024年の開運アイテム
キーケース

2024年の開運スポット
レトロな喫茶店

天星タイプ別 基本の相性

空 × 満月 ★★★	空 × 大陸 ★★
空 × 上弦の月 ★★★★	空 × 海 ★★★★
空 × 下弦の月 ★★★★	空 × 朝日 ★★
空 × 新月 ★★	空 × 真昼 ★★★★
空 × 空 ★★★★★	空 × 夕焼け ★★
空 × 山脈 ★★★★	空 × 深夜 ★★★★★

山脈

平和主義なお茶目さん

基本性格

1つひとつ着実に自信をつけ、協調性を重んじる安定志向タイプ。興味をもてない人付き合いは面倒に思いがちですが、周りを和ませる愛嬌があり、実は幅広い交友関係を築ける社交性を隠しもっています。ドライなリアリストで論理的な面も。ほめられたり、認められることで大きく成長します。

山脈のトリセツ

⬆好きなこと・喜ぶこと

- 自然なほめまくり攻撃
- 自分の目標をクリア！
- 自分のペースで進行
- お得を感じること
- 趣味に没頭できること
- レアな物、価値がある物

⬇嫌がること・ストレスになること

- 面倒くさいこと
- 自分に無関係な話
- 効率が悪いこと
- タスクが終わらない状況
- 騒がしい場所や大きな音
- 非常識なこと

2024年の開運のカギ

やるといいこと	1人の時間やリフレッシュを大切に
気をつけるべきこと	自分にも人にも厳しくしない

2024年の開運相性

恋愛運を上げる天星	仕事運をのばす天星	金運をのばす天星
山脈×**海**	山脈×**山脈**	山脈×**大陸**

天星タイプ別 基本の相性

山脈×満月 ★★★☆☆	山脈×大陸 ★★☆☆☆
山脈×上弦の月 ★★☆☆☆	山脈×海 ★★★☆☆
山脈×下弦の月 ★★★★★	山脈×朝日 ★★★★☆
山脈×新月 ★☆☆☆☆	山脈×真昼 ★☆☆☆☆
山脈×空 ★★★★☆	山脈×夕焼け ★★★☆☆
山脈×山脈 ★★★★☆	山脈×深夜 ★★★☆☆

基本の開運色
緑

2024年の開運色
黄色

2024年の開運アイテム
トートバッグ

2024年の開運スポット
緑が多く静かな場所

大陸

冷静沈着な感性先取りタイプ

基本性格

才能豊かで独自のセンスのもち主。穏やかに見えて正義感が強く、決断が早く勝気なところも。情にもろく義理堅い面もあり、一旦やると決めたらやり抜く責任感の強い人です。実は慎重で小心者なので無意識のうちに自分を守ろうとしますが、親しい人の間では可愛いムードメーカーになるタイプです。

大陸のトリセツ

⬆好きなこと・喜ぶこと

- 憧れ、尊敬されること
- 成功すること
- すべて把握できる環境
- 自分が1番の状況
- 時間配分通りに進むこと
- ストレス解消の買い物

⬇嫌がること・ストレスになること

- バカにされること
- 口だけの人
- 手柄を奪われること
- 自分から折れること
- 弱い面を見破られること
- 服装やセンスへの口出し

2024年の開運のカギ

やるといいこと	“笑い”を大切にしてみる
気をつけるべきこと	すべて1人で抱え込まない

2024年の開運相性

恋愛運を上げる天星	仕事運をのばす天星	金運をのばす天星
大陸×夕焼け	大陸×下弦の月	大陸×山脈

基本の開運色
赤

2024年の開運色
シルバー

2024年の開運アイテム
ネイル
ハンドクリーム

2024年の開運スポット
湧き水がおいしい所

天星タイプ別 基本の相性

大陸×満月 ★★★☆☆	大陸×大陸 ★★★☆☆
大陸×上弦の月 ★★★★☆	大陸×海 ★★★★☆
大陸×下弦の月 ★★★☆☆	大陸×朝日 ★★★★★
大陸×新月 ★★☆☆☆	大陸×真昼 ★☆☆☆☆
大陸×空 ★★★★☆	大陸×夕焼け ★★★★☆
大陸×山脈 ★★☆☆☆	大陸×深夜 ★★★☆☆

朝日

自由気ままな気分屋さん

CHARACTER KEYWORD

- 短期集中型の星
- ピュアの星
- 情に厚い星
- 面倒くさがりの星
- 人見知りの星

基本性格

マイペースで冒険心旺盛、楽しいことが大好き。実は人見知りですが、趣味やノリが同じ人とはすぐに仲よくなれます。根は無邪気で、意外に単純。枠にはまらず自由に生きたいという願望も。飽きっぽいですが、気分がのれば驚くほどの行動力を発揮し、周りを驚かせることもあります。

朝日のトリセツ

⬆好きなこと・喜ぶこと

- 自由な自分の時間
- 好きなことをやれる環境
- 優位に立てる状況
- 尊敬されること
- ゲームや漫画タイム
- 趣味やノリが同じこと

⬇嫌がること・ストレスになること

- 強制されること
- ルールを無視する人
- 細かい指示や確認作業
- 自分の時間を邪魔する人
- 比べられたりバカにされる
- 逃げ場がないこと

2024年の開運のカギ

やるといいこと	スマホより目の前の相手を大切に
気をつけるべきこと	ケガ。損得勘定で物事を決めない

2024年の開運相性

恋愛運を上げる天星	仕事運をのばす天星	金運をのばす天星
朝日×山脈	朝日×空	朝日×新月

基本の開運色
蛍光色

2024年の開運色
ゴールド

2024年の開運アイテム
帽子

2024年の開運スポット
歴史を感じる場所

天星タイプ別 基本の相性

朝日×満月 ★★	朝日×大陸 ★★★★★
朝日×上弦の月 ★★★★	朝日×海 ★★★
朝日×下弦の月 ★	朝日×朝日 ★★★★
朝日×新月 ★★★★	朝日×真昼 ★★★★
朝日×空 ★	朝日×夕焼け ★★
朝日×山脈 ★★★★	朝日×深夜 ★★

真昼

自由主義な行動派

基本性格

穏やかそうに見えますが、物事を先取りする直感やスピード感があり、考えるより先に行動する人。好き嫌いをハッキリと主張し、何事にも直球で短期決戦を好みます。いったん相手を信頼すると急激に距離を縮め、友達の輪をどんどん広げるなど、人との縁で自分を発展させられるタイプです。

真昼のトリセツ

⬆好きなこと・喜ぶこと

- 冒険や海外旅行
- 「さすが!」という言葉
- ベタなセリフ
- 自分に従ってくれる
- 高級品やブランド
- 努力する自分

⬇嫌がること・ストレスになること

- 自分のペースを崩される
- 待たされること
- 長期戦
- 優柔不断な人
- 細かく聞いてくる人
- 予定を把握されること

2024年の開運のカギ

やるといいこと	日常に運動を取り入れた健康な体づくり
気をつけるべきこと	感情的にならない。戦わない

2024年の開運相性

恋愛運を上げる天星	仕事運をのばす天星	金運をのばす天星
真昼 × 海	真昼 × 上弦の月	真昼 × 下弦の月

基本の開運色
橙色

2024年の開運色
茶色

2024年の開運アイテム
メガネ サングラス

2024年の開運スポット
鳥の鳴き声が聞こえる場所

天星タイプ別 基本の相性

真昼 × 満月 ★★☆☆☆	真昼 × 大陸 ★★☆☆☆
真昼 × 上弦の月 ★★★★☆	真昼 × 海 ★★★☆☆
真昼 × 下弦の月 ★★★☆☆	真昼 × 朝日 ★★★★☆
真昼 × 新月 ★★★☆☆	真昼 × 真昼 ★☆☆☆☆
真昼 × 空 ★★★★★	真昼 × 夕焼け ★★☆☆☆
真昼 × 山脈 ★★★★☆	真昼 × 深夜 ★★☆☆☆

夕焼け

悠然としている頑張り屋さん

基本性格

強い信念をもち、一度目標を決めると秘めたパワーで突き進み、頑張る姿を人に見せたがらない、コツコツマイペースな陰の努力家です。壁があるように見えますが、意外と単純。要領がよく、根拠のない自信をもち合わせています。思考は論理的。実は打たれ弱く、少し短気な面も。好き嫌いがわかりやすい人です。

夕焼けのトリセツ

⬆好きなこと・喜ぶこと

- 包容力のある人に包まれる
- 得意なことをほめられる
- 過去の栄光への称賛
- 自分を好きな仲間といる
- 刺激を得ること
- マッサージ

⬇嫌がること・ストレスになること

- バカにされること
- 高圧的な態度や発言
- 自分を否定する人
- 不安にさせる言葉
- パーソナルスペースに入られること
- ダメ出し

2024年の開運のカギ

やるといいこと	家の中を整理し居心地のよい空間に
気をつけるべきこと	連絡は即レスを心がけ、溜めない

2024年の開運相性

恋愛運を上げる天星	仕事運をのばす天星	金運をのばす天星
夕焼け × 大陸	夕焼け × 新月	夕焼け × 満月

基本の開運色	桜色
2024年の開運色	紫
2024年の開運アイテム	お香
2024年の開運スポット	懐かしさを感じる場所

天星タイプ別 基本の相性

夕焼け × 満月 ★★★☆☆	夕焼け × 大陸 ★★★★☆
夕焼け × 上弦の月 ★★☆☆☆	夕焼け × 海 ★★★★☆
夕焼け × 下弦の月 ★★★☆☆	夕焼け × 朝日 ★★☆☆☆
夕焼け × 新月 ★☆☆☆☆	夕焼け × 真昼 ★★☆☆☆
夕焼け × 空 ★★☆☆☆	夕焼け × 夕焼け ★★★★☆
夕焼け × 山脈 ★★★★☆	夕焼け × 深夜 ★★★★★

深夜

束縛を嫌う個性豊かな変わり者

基本性格

独特の感性や個性をもち、不思議な雰囲気をまとっています。自分のペースや世界を大切にし、我が道を進むタイプで、本当に好きなことは納得いくまでレベルを上げる頑張り屋。意地っ張りな面もあり、なかなか本心を伝えることができませんが、理解してくれる相手には深い愛情を注ぎます。

深夜のトリセツ

⬆好きなこと・喜ぶこと

- 自分だけの時間と空間
- 楽しい毎日を送ること
- うまく立ててもらうこと
- パワースポット巡りの旅
- 本能に従って生きること
- 休息をとること

⬇嫌がること・ストレスになること

- 根掘り葉掘り聞かれること
- 状況を説明すること
- 束縛されること
- 無駄なこと
- 偉そうな態度や人
- やりたいことを阻まれる

2024年の開運のカギ

- **やるといいこと**　やりたいことリストを作る
- **気をつけるべきこと**　紛失注意。データはバックアップを

2024年の開運相性

恋愛運 を 上げる天星	仕事運 を のばす天星	金運 を のばす天星
深夜 × **新月**	深夜 × **深夜**	深夜 × **海**

基本の開運色
茶色

2024年の開運色
緑

2024年の開運アイテム
ブレスレット

2024年の開運スポット
温泉地

天星タイプ別 基本の相性

深夜 × 満月	★★☆☆☆	深夜 × 大陸	★★★☆☆
深夜 × 上弦の月	★★★★☆	深夜 × 海	★★★☆☆
深夜 × 下弦の月	★★★★★	深夜 × 朝日	★★★★☆
深夜 × 新月	★★☆☆☆	深夜 × 真昼	★☆☆☆☆
深夜 × 空	★★★☆☆	深夜 × 夕焼け	★★★☆☆
深夜 × 山脈	★★★★☆	深夜 × 深夜	★★★☆☆

天星別 特徴

誘惑に弱い天星ベスト3

1位
空
誘惑したりされたり、流されやすく、ミーハー気質で、欲に負けやすい傾向あり。

2位
大陸
情にもろく、押しにも弱め。基本的には好きな人としか一緒にいたくないタイプ。

3位
上弦の月・山脈
錯覚が入りやすく騙されやすい上弦の月と、楽しくなるとワクワクが止められない山脈。

考えすぎてしまう天星ベスト3

1位
満月
自分に自信がなく、実は気にしい。大丈夫かどうか些細な言動に敏感に反応し、スローダウン。

2位
上弦の月
一度気になると、解決するまでモヤモヤ考え、こんがらがって、我慢しすぎて体調ダウン。

3位
新月・真昼・深夜
妄想モードで心が弱りやすい新月。考える方向がズレやすい真昼。生きづらさを感じる深夜。

RANKING

ケチな天星ベスト3

1位
山脈
節約家で貯金が趣味。人にはお金を使いたくないが、自分の欲しいものには投資。

2位
深夜
合理性を考えて基本ワリカン。誰かのために使う概念はないが、自分に利があるなら惜しみなく使う。

3位
夕焼け
お金には細かく現実的。損得勘定が敏感に働く。自分のためだと金銭感覚が疎くなりがち。

ランキング

人を信用しない天星ベスト3

1位 海

基本的に自分を守る。人は全員嘘つき、裏切ると過去の経験から決めつけていて、警戒している。

2位 新月

直感でピンとこなければ心を開かない。相手を警戒し、いろんな角度から探る。会話する時間次第。

3位 下弦の月・大陸

どちらも人は好き。上辺を合わせじっくり吟味する下弦の月。熱く語り価値観の一致で深まる大陸。

不安にさせてはいけない天星ベスト3

1位 新月

ネガティブスイッチあり。実はカマチョさんタイプ。何もかも嫌になると、殻に閉じこもる傾向が。

2位 夕焼け

強がっていても実は心配性。常に不安あり。空回りすると余裕がなくなり不満爆発。

3位 上弦の月・下弦の月

安心しないと落ち着かない上弦の月。不安から不満になりシャットダウンして逃げたくなる下弦の月。

見栄っ張りな天星ベスト3

1位 朝日

ついつい大人のふりをしてカッコつけがち。余裕がなくても後輩には自分のおかげだと演出。

2位 空

自分をよく見せるために無意識に取り繕ってしまい、持ち物や人脈でもちょっと自慢しがち。

3位 下弦の月・真昼

憧れられたい下弦の月、先取りしすぎな真昼、どちらも高級や一流といったステータスに弱め。

EPILOGUE

★ おわりに ★

最後まで読んでいただき、ありがとうございます。

今年、今月、今日
“今”がどんな流れ《リズム》なのかを描いた

―天星術第四ステージ―
『星ひとみの天星術2024』いかがでしたでしょうか。

天星、天星ナンバー、様々な性質
沢山の星と、光と影。

本書を通じて、今この瞬間を知る。

自分の知らない側面に気づいたならば
すべてはチャンスに変わります。

『運命は変えられる』
私はそう信じています。

今の自分はどんな流れにあるのか
今は何をするのがベストなのか。

「天星術」を知り、運気のリズムに乗れば、あなたが描いた未来に
たくさんの笑顔が舞い込んできます。

2024年という1年、そしてこの1日を、
どう過ごしていこうかと悩んだとき、
迷ったときに、そっと開き参考にしてみてください。

「天星術占い、それは人生の道しるべ」

影の時期でも大丈夫。
決して怖がらず、
間違えたっていいんです。
間違えたからこそ見える世界もある。

雨が降るなら傘を持って
雪が降るなら装備ができる
あなたの歩む道のり
どんな地図も描いてゆけます。

今年1年の
あなたの人生に訪れる“光と影”。
本書から読みとり、どう感じ、どう捉えるか。

どんな瞬間も、
たとえ今見える景色がどんな世界でも、
あなたが生きているこの1秒は
これからの人生で一度しか見られない景色となる。

EPILOGUE

運気は、世界は、刻々と変わっていきます。
限られた生命、限られた時間。

あなたは
誰と過ごしたいですか?
何をしたいですか?

できることならば、皆様一人ひとりにお会いしたい気持ちですが
私が今、皆様のためにできることは何か
できる限りのエネルギーを皆様に届けられるように

たくさんの方々に光が届くように願いを込め、
各天星、天星ナンバーごと、赤白と一人ひとりの皆様に、
さらに深く届くよう、
細かく書かせていただきました。

本書を通じて、少しでも皆様の
お手伝いができたのなら幸いです。

ゆっくり深呼吸し
心を落ち着かせて。

小さな光を感じられるように
今あるすべてに感謝を。

あなたは幸せになれる人。

2024年

もう一度自分を信じ
もう一度幸せの選択を。

「天星術」

いつも心のそばに。
今年もあなたのお守りに。

皆様が少しでも素晴らしい1年を送れるよう
お祈りいたします。

あなたは“大丈夫”

それではまたお会いしましょう。

2023年 10月吉日　星ひとみ

STAFF

編集協力
高橋尚子
［KWC］
安井桃子、杉本真理、長谷和希子、
阿部雅美、梶原知恵、西島 恵

アートディレクション
松浦周作
[mashroom design]

ブックデザイン
石澤 縁
[mashroom design]

イラスト
miya

企画協力
中込圭介
［Gオフィス］

Star Eyes

本書カレンダー記載の祝日・休日は2023年10月現在のものです。
法律の改正等により変更になる場合があります。

PROFILE

星ひとみ

（ほし・ひとみ）

占い師。巫女の血筋をもつ家系に生まれる。東洋占星術や統計学、心理学などをもとにしたオリジナル運勢鑑定法「天星術」の開祖である。生まれながらの力と経験による知識から導き出す鑑定は圧倒的な的中率で人気を集め、各界に多くのファンをもつ。著書に『星ひとみの天星術』（小社）、『星ひとみの天星術超図鑑』『運気を金にする　幸せ上手さん習慣GOLD』（ともに小学館）などがある。

星ひとみオフィシャルブログ「Star Eye's」

星ひとみInstagram

@hoshi_hitomi722

星ひとみ事務局Instagram

@hoshi_hitomi_staff

StarEyes×YAMASAN

星ひとみの天星術2024
海〈地球グループ〉

2023年10月25日　第1刷発行

著者　星ひとみ
発行人　見城 徹
編集人　菊地朱雅子
編集者　有馬大樹　三宅花奈　茂木 梓

発行所　株式会社 幻冬舎
〒151-0051
東京都渋谷区千駄ヶ谷4-9-7
電話 03(5411)6211[編集]
03(5411)6222[営業]
公式HP https://www.gentosha.co.jp/
印刷・製本所　中央精版印刷株式会社

ISBN978-4-344-04179-0 C0095

この本に関するご意見・ご感想は、
下記アンケートフォームからお寄せください。
https://www.gentosha.co.jp/e/